징그럽지만 왠지 귀여운
생물도감

징그럽지만 왠지 귀여운
생물도감

초판 1쇄 발행 2021년 1월 27일
초판 2쇄 발행 2021년 4월 20일

지은이 로
옮긴이 이유라
펴낸이 고정호
펴낸곳 베이직북스
주소 서울시 마포구 양화로 156, 1508호 (동교동 LG팰리스)
전화 02) 2678-0455
팩스 02) 2678-0454
이메일 basicbooks1@hanmail.net
홈페이지 www.basicbooks.co.kr
출판등록 제 2007-000241호
ISBN 979-11-6340-049-3   73490

* 키즈프렌즈는 베이직북스 유·아동 전문 임프린트입니다.
* 가격은 뒤표지에 있습니다.
* 잘못된 책이나 파본은 교환하여 드립니다.

KIMOI KEDO JITSU WA IIYATSU NANDESU、
KOWAI NONI NANDAKA KAWAIKU OMOETE KICHAU IKIMONO ZUKAN
©Rou 2020
First published in Japan in 2020 by KADOKAWA CORPORATION, Tokyo.
Korean translation rights arranged with KADOKAWA CORPORATION, Tokyo through ENTERS KOREA CO., LTD.

이 책의 한국어판 저작권은 (주)엔터스코리아를 통해 저작권자와 독점 계약한 베이직북스에 있습니다.
저작권법에 의하여 한국 내에서 보호를 받는 저작물이므로 무단전재와 무단복제를 금합니다.

징그럽지만 왠지 귀여운 생물도감

글 로 **옮긴이** 이유라
그림 가와사키 사토시, 바니에몬

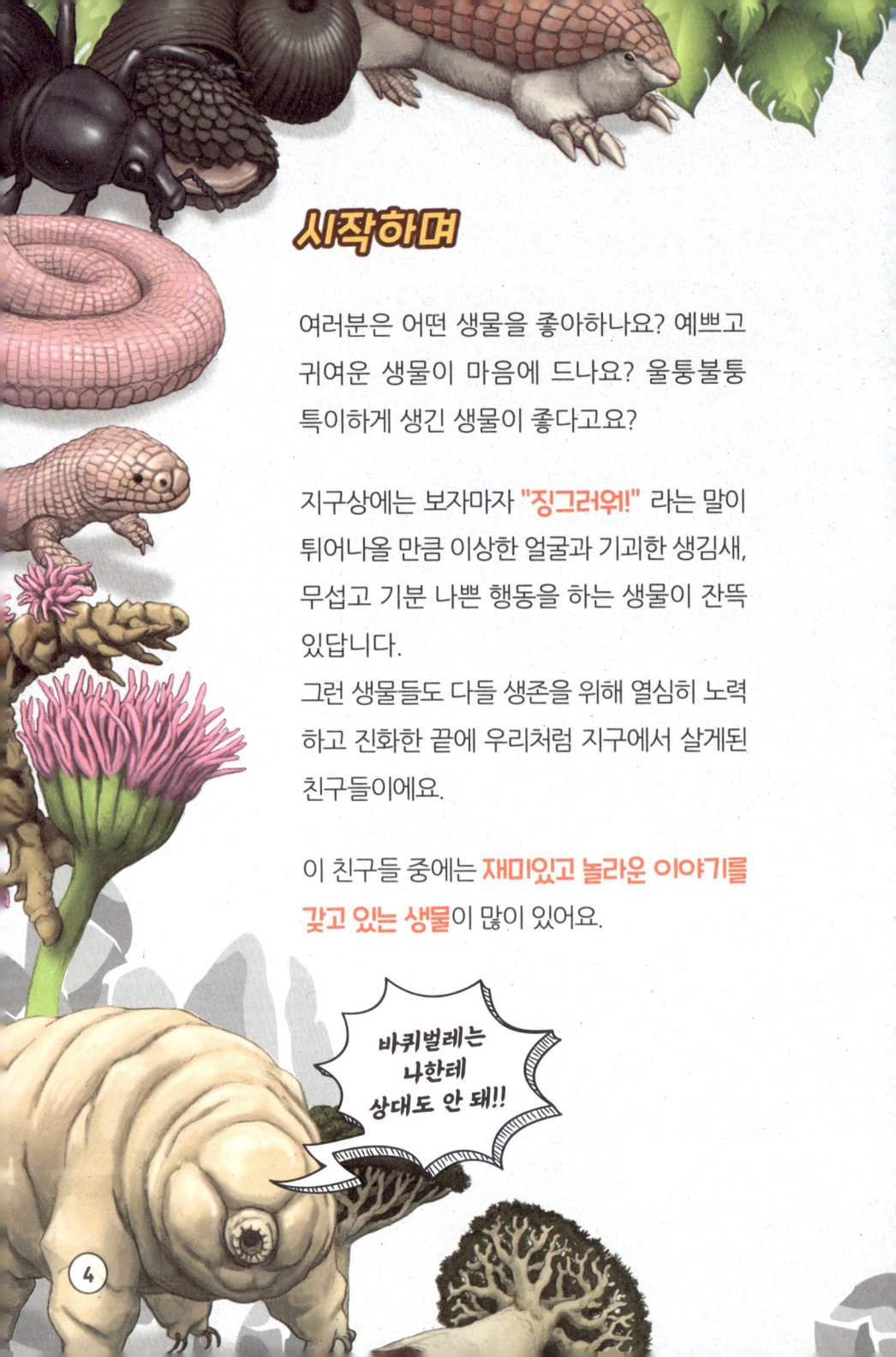

시작하며

여러분은 어떤 생물을 좋아하나요? 예쁘고 귀여운 생물이 마음에 드나요? 울퉁불퉁 특이하게 생긴 생물이 좋다고요?

지구상에는 보자마자 **"징그러워!"** 라는 말이 튀어나올 만큼 이상한 얼굴과 기괴한 생김새, 무섭고 기분 나쁜 행동을 하는 생물이 잔뜩 있답니다.
그런 생물들도 다들 생존을 위해 열심히 노력하고 진화한 끝에 우리처럼 지구에서 살게된 친구들이에요.

이 친구들 중에는 **재미있고 놀라운 이야기를 갖고 있는 생물**이 많이 있어요.

바퀴벌레는 나한테 상대도 안 돼!!

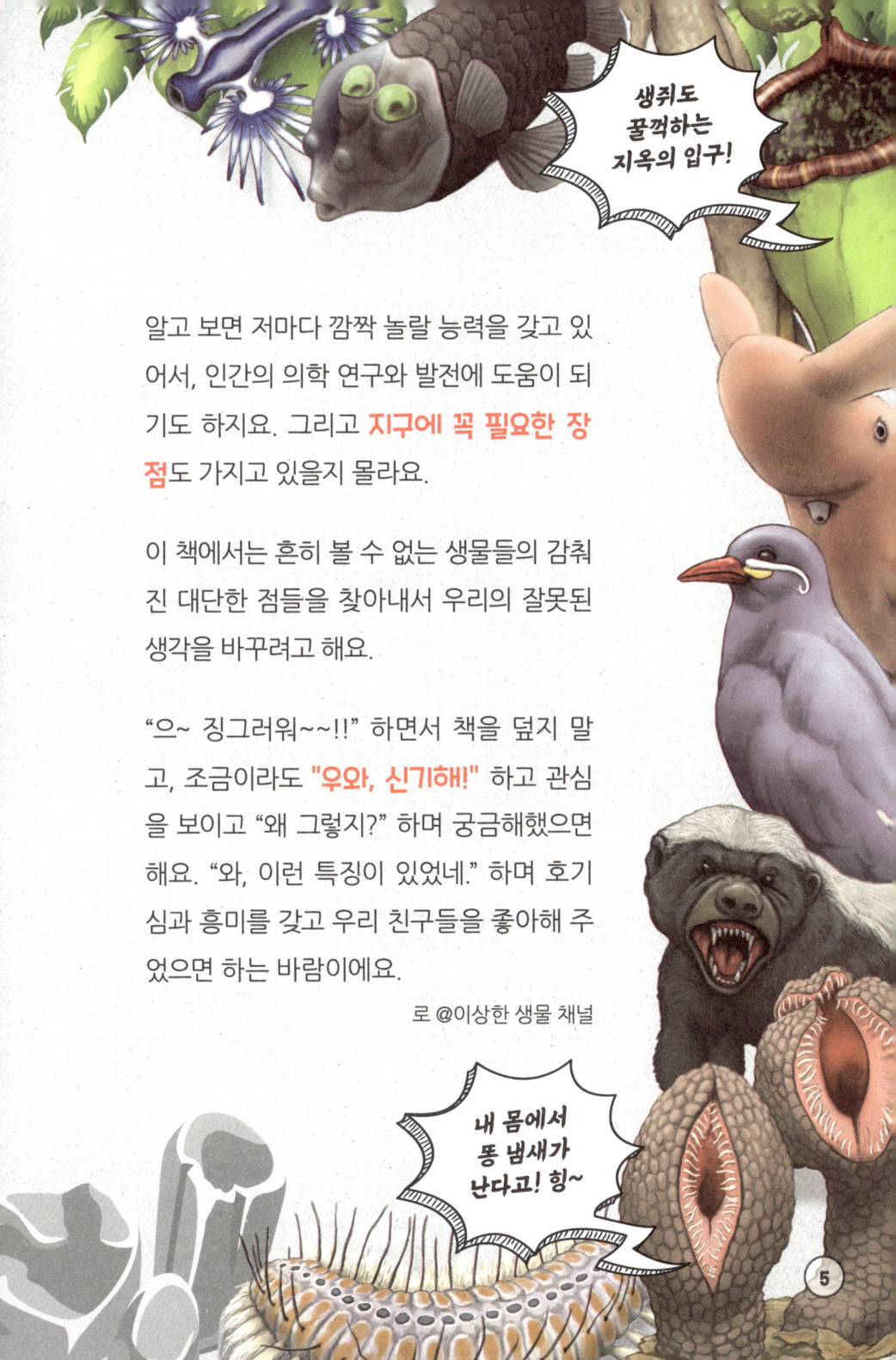

자, 이제 신기한 생물들을 소개할게요.

잠깐만! 여긴 대체 어디야?

아차차, 깜박했네. 오늘은 유튜브가 아니라 책으로 모험을 떠나는 날이랍니다. 이번에 소개할 생물은 말이죠…….

뭐야뭐야, 너 혼자 앞서나가면 어떡해? 우리 아직 자기소개도 안 했다고! 독자들은 우리가 누군지 모를 거 아냐?

에이, 설마. 개성 만점 생물을 소개하기로 이름난 유튜브 채널, 「이상한 생물 채널」을 모르는 사람이 과연 있을까?

여우야, 세상은 넓은 법이야…….

그럼 늦었지만 우리 소개를 할게요. 제 이름은 여우예요. 이쪽은 먹보 너구리랍니다.

여우랑은 어릴 때부터 단짝 친구예요~! 여우는 생물에 대해서라면 모르는 게 없어요.

평소에는 유튜브에서 흥미로운 생물을 소개하거나 야생동물로 인한 농작물 피해 사건을 다루고 있어요.

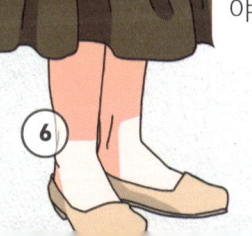

여우

유튜브 「이상한 생물 채널」의 등장인물. 장난기 많은 성격이며 때때로 독설을 날린다. 생물에 대해서라면 모르는 게 없는 척척박사.

너구리

유튜브 「이상한 생물 채널」의 등장인물. 조금 어벙하면서도 엉뚱한 면이 있다. 식탐이 강해서 뭐든 야금야금 먹어 치운다.

아무튼 이 책에서는 '징그럽지만 알고 보면 멋진 친구들'의 반전 매력을 소개하려고 해요.

뭐야뭐야, 너무 재밌겠다~~

아무리 이상하게 생긴 생물이라도 이성에게 구애하거나 진화해온 방식에 상상도 못 했던 반전 매력이 존재하는 법이거든요.

여우 너 오늘따라 의욕이 넘치는 것 같은데?

이것만 끝나면 로 작가님이 꽃등심 사준다고 했거든.

꽃등심?!! 좋았어. 그럼 나도 열심히 해야지~~!!

제1장
징그럽지만 알고 보면 멋진
육지 생물

 뻐드렁니에 벌거벗은 못난이 벌거숭이두더지쥐 … 18

 무시무시한 암살자 에메랄드는쟁이벌 … 20

 지구 최강의 생존력 곰벌레 … 22

 사막의 인절미 그랜트황금두더지 … 24

 뱀이야? 지렁이야? 멕시코지렁이도마뱀 … 26

 움직이는 베이컨 끈벌레 … 28

 온몸이 독침 무기 김피김피 … 30

 정글의 함정 애튼버러벌레잡이풀 … 32

 소름 돋는 괴생명체?! 촉수나방 … 34

 몸집은 작아도 깡은 최고 꿀벌집털이오소리 … 36

 엄니가 머리를 찌르겠어 바비루사 … 38

 끊임없이 먹어야 산다 땃쥐 … 40

 작은 얼굴에 근육질 몸매 기린영양 … 42

걸어 다니는 공기청정기 큰코영양 … 44

 사슴인데 뿔이 없어 고라니 … 46

 뜻밖의 롱다리 북극토끼 … 48

 꽃이 아니라 코라니까 별코두더지 … 50

 초밥이 꿈틀꿈틀 애기아르마딜로 … 52

 머리는 뱀, 꼬리는 거미 거미꼬리뿔독사 … 54

 파란 혀를 날름날름 동부푸른혀도마뱀 … 56

 우스꽝스럽지만 친숙한 외모 버젯 프로그 … 58

 경고색에 숨겨진 독 독화살개구리 … 60

 위장술의 달인 잎꼬리도마뱀붙이 … 62

 1마리가 100마리로 플라나리아 … 64

 보석같이 푸른빛 구티 사파이어 오너멘탈 … 66

 토토로의 고양이 버스? 에오페리파투스 토토로 … 68

 투망을 던지는 사냥꾼 투망거미 … 70

 천년을 사는 장수 식물 웰위치아 … 72

 식물이야? 괴물이야? 히드노라 아프리카나 … 74

 피를 흘리는 신기한 나무 용혈수 … 76

 세상에서 가장 딱딱한 벌레 파키링쿠스 인페르날리스 … 78

 머리에 헬리콥터 날개가 뿔매미 … 80

 낙엽이 아니고 나방이야? 기생재주나방 … 82

 꽃으로 위장한 아기 벌레 에메랄드나방 애벌레 … 84

 짜잔~ 공으로 변신! 체라토칸투스 … 86

 뿌~웅 방귀 대장 폭탄먼지벌레 … 88

 곤충계의 벌새 줄녹색박각시 … 90

 떨어질 수 없어 우리는 한 몸 쌍둥이벌레 … 92

 뇌를 조종하는 기생충 연가시 … 94

 **징그럽지만 알고 보면 멋진**
공중 생물

 뭔가 억울해 보이는 얼굴 넓은부리쏙독새 … 102

 똥꼬에 털이 났다고? 열두줄극락조 … 104

 흡혈귀의 실제 모델? 흡혈박쥐 … 106

나뭇잎 텐트의 하얀 꼬물이들 온두라스흰박쥐 … 108

 뼈까지 새까만 신기한 닭 아얌 쯔마니 … 110

 만화에서 튀어나왔니? 어깨걸이극락조 … 112

 가슴 달린 새 산쑥들꿩 … 114

 안짱다리 아저씨 덤불해오라기 … 116

 부리 위에 바나나가 말라바르 얼룩코뿔새 … 118

 하얀 수염의 멋쟁이 잉카제비갈매기 … 120

 발차기 뱀 사냥꾼 뱀잡이수리 … 122

 파란 부츠가 멋진걸 푸른발얼가니새 … 124

 세상에서 제일 큰 앵무새 카카포 … 126

 # 제3장 징그럽지만 알고 보면 멋진
바다 생물

 화성에서 온 우주인 우무문어 … 134

 양의 얼굴을 한 바다달팽이 바다잎새양 … 136

 투명한 머리통에 눈알이 데굴데굴 통안어 … 138

 세상에서 가장 못생긴 동물 블로브피시 … **140**

 투명한 머리가 커졌다 작아졌다 나팔잎갯민숭이 … **142**

 아름다움 뒤에 숨겨진 반전 푸른갯민숭달팽이 … **144**

 바닷속 아기 코끼리 덤보문어 … **146**

 철갑으로 완전 무장 비늘발고둥 … **148**

 아기 돼지 귀요미 오징어 피글렛 스퀴드 … **150**

 빨판으로 피를 빠는 장어 칠성장어 … **152**

 이빨이 무려 3백 개! 주름상어 … **154**

 피를 흘리는 괴상한 바위 피우라 칠렌시스 … **156**

 바다의 청소부 주름끈벌레 … **158**

 부채 같은 지느러미 벤텐어 … **160**

 전기로 앞을 본다고? 코끼리주둥이고기 … **162**

 마음을 사로잡는 빨간 입술 붉은입술부치 … **164**

 바닷속 송충이 노란풀양목갯지렁이 … **166**

 사랑의 유리 감옥 해로동굴해면 … **168**

이 책을 읽는 법

자, 시작할게요! 이 책에서는 '땅(육지)→하늘(공중)→바다' 순으로 다양한 생물들이 등장해요. 하지만 어느 페이지부터 읽든 상관없어요.

여러 가지 정보를 실었으니까, 차근차근 읽어보세요! 처음에는 무섭고 징그러웠던 생물들이 점점 새롭고 친근하게 느껴질 거예요!

① **멋진 포인트** 이 생물이 얼마나 멋진 능력을 가지고 있는지, 인간에게 어떤 도움이 되는지, 인기 있는 이유는 무엇인지 알려 줄게요. 처음에는 징그러웠던 생물들이 점점 좋아질 거예요!

② **기본 정보** 생물의 종류와 사는 곳, 크기 등을 알려 줄게요.

③ **해설** 생물의 생태나 특징을 자세히 설명하고 있어요. 기본 정보와 함께 읽어보세요!

④ **동영상** 큐알코드를 찍으면 생물의 실제 영상을 볼 수 있어요.

너구리 넌 육지 생물 하면 뭐가 생각나?

음……. 코끼리랑 기린이랑 사자……?

모두 커다란 동물들이네.

그거 말고 또 뭐가 있더라?

쥐처럼 작은 동물이나 파충류, 곤충, 미생물도 많잖아.

아하! 너무 쬐끄만 것들이라 전혀 생각을 못 했지 뭐야~~.

그러다 몸집은 작아도 독침을 가진 위험한 곤충한테 물려도 난 모른다?

에…… 에이……. 그렇게 위험한 생물이 가까이 있을 리가…….

 어머! 너구리 네 발밑에서 뭔가 움직이고 있어!!

 으아아악~~~!!!!

 ……뻥이지롱.

 뭐야~!! 여우 너 못됐어!!! 발밑에 대체 뭐가 있다는……. (빠직!)

 아얏!!!!!!!!!!!

 그냥 부러진 나뭇가지야.

뻐드렁니에 벌거벗은 못난이
벌거숭이두더지쥐

외모로만 판단하면 안 되쥐~

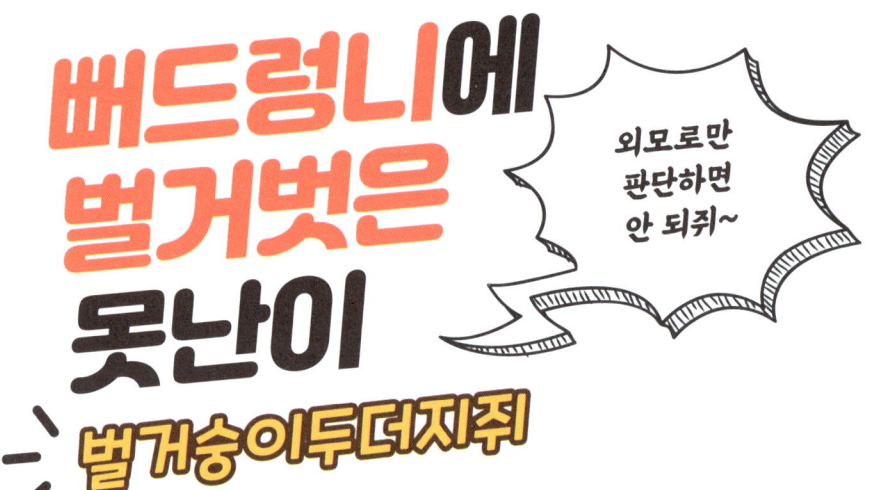

벌거숭이두더지쥐는 **털이 하나도 없는 데다 어마어마한 뻐드렁니를 가진 못생긴 쥐야.** 같은 쥐인데도 햄스터 같은 귀여운 쥐랑은 너무 다른 거 아니니? 인간이 보기엔 장점이라고는 눈 씻고 찾아봐도 없을지 몰라. 하지만 **사실은 거의 늙지 않고 암에 걸리지 않는 데다 산소가 없는 환경에서도 끄떡없대.** 겉모습만 보고는 상상할 수 없을 만큼 긴 수명을 가진 대단한 생물이야.

 육지

기본 정보

이름	벌거숭이두더지쥐
학명	Heterocephalus glaber
분류	설치류
서식지	아프리카 동부
크기	몸길이 10cm

알고 보면 멋진 녀석이야!
노화나 암에 대한 내성(저항력)을 연구할 때 쓰이는 장수 동물이거든.

✚ 벌거숭이두더지쥐는 땅속에서만 산다. 땅속은 온도 변화가 적기 때문에 몸에 털이 없어도 문제없고, 굴을 파기 위해 앞니가 크게 발달했다. 앞니는 입보다 앞쪽으로 튀어나온 구조라 땅을 팔 때도 흙이 입에 들어가지 않는다. 땅굴에 사는 벌거숭이두더지쥐는 사회성이 매우 높은 생물이라, 개미처럼 집단생활을 하며 각자 자신이 맡은 역할에 최선을 다한다.

무시무시한 암살자
에메랄드는쟁이벌

으악~!!!! 바퀴벌레가 나타났다~!!! 이럴 땐 당황하지 말고… 신문을 돌돌 말아서 때려잡으면…… 끝! 아휴, 바퀴벌레는 정말 끔찍해! 그런데 천하의 바퀴벌레가 꼼짝도 못 하는 상대가 있대. 바로 에메랄드는쟁이벌이야. 에메랄드는쟁이벌이 바퀴벌레에 독침을 푹! 꽂는 순간……. **바퀴벌레는 살아 있는 시체가 되는 거지.** 그리고선 좀비가 된 바퀴벌레의 더듬이를 잡고 자기 집으로 질질 끌고 가서는 **바퀴벌레 몸속에 알을 낳는대. 곧 태어날 애벌레의 먹이로 만드는 거지!** 으으, 산 채로 좀비가 되다니 너무 끔찍하다!

기본 정보

이름	에메랄드는쟁이벌
학명	Ampulex compressa
분류	곤충
서식지	동남아시아, 아프리카
크기	몸길이 2cm

알고 보면 멋진 녀석이야!
자기보다 덩치 큰 바퀴벌레를 독침 하나로 무장해제 시키다니 정말 대단한 걸!

➕ 에메랄드는쟁이벌은 는쟁이벌의 일종으로 바퀴벌레를 사냥해 애벌레의 먹이로 삼는다. 겉모습은 보석처럼 화려하지만, 바퀴벌레를 발견하면 독침을 찔러 뇌를 마비시키고 살아 있는 시체로 만드는 무시무시한 특기가 있다. 최근 에메랄드는쟁이벌의 독이 난치병인 파킨슨병 연구에 도움이 된다는 연구 결과가 나와 기대가 높아지고 있다.

지구 최강의 생존력
곰벌레

육지

곰벌레는 겨우 1밀리미터밖에 되지 않는 작은 생물이야. 땅딸막하게 생겨서 **여덟 개의 발로 느릿느릿 걷는 모습을 보면 조금 징그럽지**. 하지만 **어떤 환경에서도 죽지 않는 '세계 최강 불사신 생물'**이야. 화산에서도 극한 추위에도 끄떡없어. 151℃의 초고온에서부터 영하 273℃의 절대영도까지도 견딜 수 있지. 진공 상태에서도 75,000기압의 압력에서도 거뜬하고 말이야. 체중의 85퍼센트를 수분이 차지하고 있는데, 3퍼센트까지 줄이더라도 살 수 있대.

기본 정보

이름	곰벌레
학명	Macrobiotus intermedius (Plate.)
분류	완보동물
서식지	세계 어디서나
크기	몸길이 0.05~1mm

알고 보면 멋진 녀석이야!
이렇게 작은 녀석이 지구 최강 생명체라니, 역시 크기가 다는 아니라니깐.

✚ 곰벌레는 완보동물의 일종이다. 몸길이는 고작 1밀리미터 정도지만, 상상을 초월하는 혹독한 환경에서도 죽지 않는 강인한 생물이다. 과거 실험에서는 우주 공간에 10일 동안 내버려 두었는데도 살아남았다는 기록도 있다. 정말이지 상식을 파괴하는 최강 생물이 아닐 수 없다. 어떻게 이렇게 강한 걸까? 곰벌레의 강함의 비결은 아직도 많은 수수께끼에 싸여 있다.

사막의 인절미
그랜트황금두더지

눈은 안 보여도 땅속에서 헤엄은 잘 친단다~

배도 고프고 목도 마른데…… 사막 한가운데 와버렸어……. 앗! 저기 맛있어 보이는 인절미가 모래 위에서 움직이고 있잖아?!! 어라? 이건 설마 그랜트황금두더지?!! 그랜트황금두더지는 눈이 퇴화해서 보이지 않지만, 귀가 밝아서 모래 속에 있는 곤충과 지렁이의 진동이나 소음을 듣고 잡아먹는대. 아무것도 없는 넓은 사막에서도 이렇게 굉장한 능력으로 살아남은 거구나!

기본 정보

이름	그랜트황금두더지
학명	Eremitalpa granti
분류	포유류
서식지	아프리카 남부
크기	몸길이 8cm

알고 보면 멋진 녀석이야!
벌레의 진동을 알아차리다니 귀가 엄청 밝은가 봐!

✚ 그랜트황금두더지는 남아프리카와 나미브 사막에 산다. 햄스터만 한 크기인데 위에서 보면 인절미가 따로 없다. 진화하는 동안 눈과 꼬리는 퇴화했지만, 귀가 무척 밝고 땅을 파는 힘이 엄청나다. 하룻밤에 45미터 이상 땅을 파헤쳤다는 기록도 있을 정도다. 사실 그랜트황금두더지는 아프로테리아상목으로 분류되기 때문에, 두더지보다 오히려 코끼리에 가까운 편이다.

뱀이야? 지렁이야?
멕시코지렁이도마뱀

사실은 지렁이도마뱀 이지렁~

멕시코지렁이도마뱀은 작고 동그란 눈과 입, 그리고 손을 가지고 있어. 처음에는 **움파룸파나 도마뱀처럼 귀여운 생물**……인 줄 알았지 뭐야. 하지만 사실 **지렁이처럼 길고 두꺼운 분홍색 몸통**을 가지고 있어. 징그러우면서도 귀여운 반전 매력의 대표 주자지. 도마뱀은 귀엽지만 지렁이는 징그럽다고? 그럼 이 친구를 어떻게 생각할지 정말 궁금하네. 참고로 멕시코지렁이도마뱀은 도마뱀도 뱀도 지렁이과도 아닌, 지렁이도마뱀에 속한 생물이라고 해.

기본 정보

이름	멕시코지렁이도마뱀
학명	Bipes biporus
분류	파충류
서식지	멕시코
크기	몸길이 10~20cm

알고 보면 멋진 녀석이야!
눈이 동글동글해서 귀엽고, 굉장히 희귀한 생명체야.

✚ 얼굴과 몸의 차이가 큰 멕시코지렁이도마뱀은 멕시코 지역에만 사는 생물이다. 땅속에서 생활하기 때문에, 눈과 입은 퇴화해서 단순한 장식이 되었다. 멕시코에서는 '밤에 수풀에 앉아 볼일을 보고 있으면 엉덩이 구멍을 노리고 땅속에서 기어오른다'라는 무시무시한 속담이 있다. 그래서 현지 사람들에게는 두려운 존재가 된 듯하다.

육지

우 와, 맛있어 보이는 베이컨이 있네? 히익?! **꿈틀꿈틀하더니 입에서 이상한 게 튀어나왔어!** 이건 끈벌레의 일종인데, 살아 있는 생명체로 보이지 않을 만큼 이상하게 생겼어. 하지만 사실 몸속에는 위장도 제대로 있대. **주둥이가 있어서 조개나 고둥도 잡아먹을 수 있고 말이야.** 맛있게 생겼지만, 그래도 이걸 먹기는 좀… 그렇겠지……? 달걀 프라이까지 얹어서 베이컨 에그로 먹으면 딱일 것 같은데.

기본 정보

이름	끈벌레
학명	신종이기에 불명
분류	유형동물
서식지	태평양
크기	몸길이 10~30cm

알고 보면 멋진 녀석이야!
베이컨 같은 생김새만 보고는 상상도 못 할 무기를 숨기고 있어!

➕ 끈벌레는 유형동물의 일종이다. 전 세계에 약 1100종이 있으며 대부분은 바다에 산다. 하지만 육지에 사는 끈벌레가 쥐며느리나 옆새우를 잡아먹어서 생태계에 심각한 피해를 끼치기도 한다. 대만에서는 칙칙한 녹색의 연두끈벌레가 대량으로 나타나 어민들을 곤란하게 했다.

온몸이 독침 무기
김피김피

살짝 닿기만 해도 아파서 몸부림치게 될 거야……

 육지

앗, 큰일났다! 수풀에서 볼일을 보는데 휴지를 깜박했어!! 어? 마침 여기 커다랗고 예쁜 이파리가 있네? 잘됐다!! 이걸로 엉덩이를 닦으면 되겠…… 아따따따따! **이건 잎 표면에 빽빽이 독침이 나 있는 김피김피잖아?!** 김피김피는 너무 위험한 식물이라서 인간은 방호복을 입지 않으면 가까이 갈 수 없을 정도야. 그런데 **어째선지 꽃가루를 옮겨주는 새나 곤충들은 끄떡없대!** 대체 어떻게 된 걸까?

기본 정보

이름	김피김피
학명	Dendrocnide moroides
분류	식물
서식지	호주
크기	잎 크기 20cm

알고 보면 멋진 녀석이야!
목숨을 걸어야 하지만, 가시털이 자란 열매는 잘 요리하면 먹을 수 있어.

➕ 김피김피는 쐐기풀과인데, 몸에 닿기만 해도 빨갛게 염증이 생기는 최상위급 위험 식물이다. 잎 표면에는 '가시털'이라고 하는 세밀한 독침이 촘촘히 자라 있다. 이 가시털에 살짝만 닿아도 며칠씩 잠을 못 잘 만큼 심한 통증을 겪게 된다. 길게는 2년 동안 통증에 시달렸다는 기록도 있고, 너무 아픈 나머지 자살한 사람도 있다는 무서운 소문이 있다.

정글의 함정
애튼버러벌레잡이풀

생쥐도 꿀꺽하는 지옥의 입구!

정글은 미지의 위험이 가득한 곳이지! 특히 애튼버러벌레잡이풀은 **작은 생물이라면 뭐든 잡아먹는대. 발을 잘못 디디면 곧바로 끝장이야……**. 애튼버러벌레잡이풀은 **세상에서 제일 큰 벌레잡이통풀**이기도 해. 무려 30센티미터나 되는 큰 주머니를 갖고 있는데 주머니 안에 빠진 생물을 서서히 녹인다고 해. 너무 놀랍지 않니? 주머니 안쪽은 반들반들해서 도저히 기어오를 수가 없어. 그야말로 살아 있는 함정인 셈이지. 곤충뿐 아니라 쥐 같은 작은 동물도 잡아먹을 수 있다고 해.

기본 정보

이름	애튼버러벌레잡이풀
학명	Nepenthes attenboroughii
분류	식물
서식지	필리핀
크기	전체 길이 30~40cm

알고 보면 멋진 녀석이야!
꼭 생물을 잡아먹지 않아도 햇빛만 있으면 살아갈 수 있어.

✚ 애튼버러벌레잡이풀은 식충식물로 유명한 벌레잡이통풀의 일종이다. 세상에서 가장 큰 주머니를 가지고 있는데 광합성도 할 수 있어서 벌레만 잡아먹고 사는 것은 아니다. 오히려 벌레를 먹을 때는 에너지가 많이 들기 때문에, 잘못하면 말라 죽을 수도 있다고 한다.

소름 돋는 괴생명체?!
촉수나방

엉덩이에서 촉수가 짜잔!

육지

으~ 나방은 정말 싫어! 그런데 밤만 되면 나방이 불빛을 보고 모여든다니까? 우왓!! 저기 촉수나방의 꼬리 좀 봐! 너무 징그러워서 기절할 것 같아……. **수컷은 향기를 내뿜는 기관인 '발향총'을 가지고 있어.** 여기서 페로몬을 뿜어서 암컷을 찾는 거야. 촉수나방은 가만히 있을 때는 평범한 나방처럼 보이지만, 엉덩이에서 **촉수처럼 생긴 발향총 네 개가 촥! 뻗어 나올 때는 털이 수북해서 너무너무 징그러워~!!** 꼭 외계 생명체 같아!!

기본 정보

이름	촉수나방
학명	Creatonotos gangis
분류	곤충
서식지	동남아시아, 오스트레일리아, 일본
크기	전체 길이 4cm

알고 보면 멋진 녀석이야!
사랑을 표현하는 게 죄는 아니잖아! 열심히 매력을 뽐내봐!

✚ 나방은 나비에 비해 예쁘지 않아서 싫어하는 사람이 많다. 그런데 촉수 나방은 더더욱 호불호가 심하게 생겼다. 털이 잔뜩 난 촉수는 부들부들한데, 암컷에게 구애하기 위해 필사적으로 페로몬을 분비하는 역할을 한다. 인간으로 치면 좋아한다고 고백하는 것과 마찬가지다. 나름대로 용기를 끌어모으고 있는 모습이니, 너무 기분 나쁘게 생각하지 말고 응원해주자.

몸집은 작아도 깡은 최고
꿀벌집털이오소리

목숨이 아깝지 않으면 덤벼!

꿀 벌집털이오소리는 스컹크처럼 하얗고 까만 털이 있고, 작은 곰처럼 생겼어. 몸길이는 80센티미터 정도니까 절대 큰 편은 아닌데, 세상에 **겁도 없이 사자를 향해 당당히 다가가잖아?** 맙소사, 저러다 잡아먹힐 거야……!! 어머나, 오히려 사자를 위협해서 쫓아내 버렸어!! 알고 보니 꿀벌집털이오소리는 **기네스북에 '세상에서 제일 겁이 없는 동물'로 올라있대. 정말이지 강철 심장을 가진 동물이로구나.** 내 친구 너구리 같으면 아마 겁에 질려서 꼼짝도 못 했을 텐데.

기본 정보

이름	꿀벌집털이오소리
학명	Mellivora capensis
분류	포유류
서식지	아프리카
크기	몸길이 60~80cm

알고 보면 멋진 녀석이야!
두려울 게 없다는 자신감이 아무리 덩치 큰 동물이라도 꼼짝 못 하게 만드는 거야.

➕ 꿀벌집털이오소리는 족제빗과다. 벌꿀을 좋아하기 때문에 이름에 '벌집털이'가 들어가게 되었다. 평소에는 코브라같이 위험한 맹독을 가진 뱀을 잡아먹는다. 독뱀에 물려서 쓰러질 때도 있지만, 사실 꿀벌집털이오소리는 독에 내성을 가지고 있다. 그래서 아주 잠시 움직이지 못하다가 다시 멀쩡하게 걸어 다니기 시작한다. 정말로 세상에 무서운 게 없는 동물이다.

엄니가 머리를 찌르겠어
바비루사

잘생겨진다면 이 정도 고통쯤이야!

 육지

남자들은 왜 여자 앞에서 멋있는 척하거나 관심받으려고 애쓰는 걸까……? 바비루사는 인기에 일생을 바친 동물이야. **수컷 바비루사는 엄니가 훌륭할수록 암컷과 짝짓기할 기회가 많아지거든.** 멋진 엄니를 가진 바비루사가 인기가 많다는 뜻이지. 그래서 수컷들은 경쟁하듯이 어금니를 가꿔. 그러다 **정수리를 찌를 만큼 엄니가 지나치게 길어진 안타까운 동물**이야. 머리를 찌르기 전에 엄니가 둥글게 휘는 경우가 많다고 하니 다행이긴 해.

기본 정보

이름	바비루사
학명	Babyrousa babyrussa
분류	포유류
서식지	인도네시아
크기	85~105cm

알고 보면 멋진 녀석이야!
인기를 위해서 목숨까지 걸다니…… 사나이 중의 사나이로구나!

✚ 멧돼짓과인 바비루사는 훌륭한 엄니를 갖고 있다. 바비루사의 머리뼈를 보면 위쪽 송곳니가 위를 향해 뻗어 있어서, 상대방을 들이받아 공격할 수 있다. 바비루사의 엄니는 정수리를 향해 곡선을 그리며 자란다. 그렇게 바비루사는 계속 자라서 언젠가 자기 머리를 찌를지도 모르는 엄니를 바라보며 살아간다. 그래서 '자신의 죽음을 바라보는 동물'이라는 별명이 생겼다.

끊임없이 먹어야 산다
땃쥐

배고파! 배고파! 먹어도 먹어도 배고프당!

냠~ 오늘도 맛있게 잘 먹었습니다! 그런데 매일 이렇게 먹어대다 살찌면 어떡하지……? 뭐? 나보다 대식가인 땃쥐라는 친구가 있다고?!! 땃쥐는 다 자라도 몸길이가 겨우 2~5센티미터, 500원짜리 동전 크기래! 이렇게 작아도 되나 싶을 만큼, 세상에서 제일 작은 포유류라고 해. 하지만 몸이 너무 작아서 그런지 몸속에 에너지를 저장할 수가 없대. 그래서 30분에 한 번씩, 자기 몸무게만큼 먹이를 먹어 치운대! 인간으로 치면 매일 60킬로그램씩 먹어 치우는 셈이겠네?

기본 정보

이름	땃쥐
학명	Soricinae
분류	포유류
서식지	일본, 유럽 등
크기	2~5cm

알고 보면 멋진 녀석이야!
사냥감을 마비시키는 땃쥐의 독을 인간의 마취약으로 사용할 수 있을지도 모른대!

➕ 땃쥐는 몸을 아주아주 작게 만들 수 있다. 그래서 나무 틈새에 숨거나 먹이를 조금만 먹고도 살 수 있어서 오늘날까지 살아남았다. 하지만 밥을 먹은 지 3시간이 지나면 에너지가 소진되어 굶어 죽는다는 약점이 있다. 참고로 우리나라에는 제주도에만 사는 제주땃쥐가 있고, 일본 홋카이도에는 특이하게도 도쿄땃쥐가 산다.

작은 얼굴에 근육질 몸매
기린영양

내 몸매 비율을 보면 깜짝 놀랄걸~

육지

우 와아앗!!! **두 발로 서서 풀을 먹는 우주인 같은 동물이 있어!!** 자세히 보니 기린영양이구나……. 기린영양은 호리호리한 몸에 기다란 목 때문에 꼭 기린 같이 생겼어. 실제로도 기린이나 소, 염소처럼 발굽이 둘로 갈라져 있대. **평소에는 뒷발로 서서 높은 곳에 있는 나무의 풀을 먹지.** 얼굴이 작고 귀가 커다래서 정면에서 보면 어쩐지 좀 무서워……. 나도 기린영양처럼 이렇게 늘씬하면 좋겠다~

기본 정보

이름	기린영양
학명	Litocranius walleri
분류	포유류
서식지	아프리카
크기	140~160cm

알고 보면 멋진 녀석이야!
우뚝 서서 풀을 뜯어 먹는 모습이 신기한지, 희귀 동물 애호가들에게 인기가 대단해.

✚ 기린영양은 '게레눅'이라고도 하며, 기린처럼 목이 엄청 길다. 기린영양도 기린과 마찬가지로 땅 위에서 먹이를 두고 다투는 대신, 먹이가 풍부한 높은 지대에 있는 풀을 뜯어 먹는다. 요즘은 그 수가 줄어들고 있어서, 좀처럼 찾아보기 힘든 희귀 동물이 되었다.

걸어 다니는 공기청정기
큰코영양

흐흡~ 흐흡~ 먼지가 걸러졌습니다!

육지

후 하후하……. 요즘엔 모래 먼지가 심해서 숨쉬기가 힘들어. 어? 저기 오는 저 동물은 뭐지? 코끼리 같기도 하고 사슴 같기도 한데……? 큰코영양은 몸은 사슴처럼 생겼는데 **코끼리처럼 커다란 코 때문에 좀 못생겼어**. 하지만 큰 코는 사막지대에 사는 큰코영양에게 꼭 필요하다. **큰 코가 공기청정기 역할을 해서 모래를 걸러주거든**. 큰코영양도 나처럼 깨끗한 걸 좋아하나 봐.

기본 정보

이름	큰코영양(사이가영양)
학명	Saiga tatarica
분류	포유류
서식지	카자흐스탄, 몽골, 러시아 남부
크기	몸길이 110~170cm

알고 보면 멋진 녀석이야!
못생긴 코가 최신식 공기청정기 역할을 한대!

➕ 큰코영양의 코는 공기의 습도를 유지하고 보온 효과를 낸다. 차가운 공기를 그대로 들이마시지 않도록 코에서 따뜻하게 데우는 것이다. 수컷들은 코로 큰 소리를 내며 암컷을 두고 경쟁하기도 한다. 최근에는 큰코영양을 마구 잡아들이는 사람들과 유행병 때문에 숫자가 많이 줄어서 멸종위기종이 되었다. 다 같이 힘을 모아 큰코영양을 보호하려는 노력이 필요하다.

수 사슴의 상징은 뭘까? 맞아, 근사한 뿔이야. 그런데 **고라니는 사슴과인데도 암컷뿐 아니라 수컷도 뿔이 없어.** 멀리서 보면 연약해 보이는 표정을 하고 있지만, 그 대신 **육식동물에게도 뒤지지 않는 크고 훌륭한 엄니(송곳니)를 가지고 있어.** 뿔을 버리고 엄니를 길러서 천적과 싸우고 영역을 지키는 건데…… 그래도 초식동물이라서 기본적으로 겁쟁이야.

기본 정보

이름	고라니
학명	Hydropotes inermis
분류	포유류
서식지	한반도, 중국
크기	몸길이 75~100cm

알고 보면 멋진 녀석이야!
헤엄을 잘 쳐서 영어로는 **워터 디어**(Water deer) 라고 해.

✚ 동물의 무기는 발톱을 빼면 보통 엄니와 뿔 둘 중 하나다. 엄니와 뿔을 다 가지고 있는 동물은 떠올리기 힘들다. 엄니와 뿔은 둘 다 먹이를 얻고 몸을 지키며 수컷끼리 싸울 때 사용하는 등 똑같은 역할을 하기 때문에, 하나만 있어도 충분하다. 그래서 고라니는 뿔 대신 엄니를 선택했다.

뜻밖의 롱다리
북극토끼

털 안에 숨겨둔 내 다리를 보여줄게 뿅~

육지

와

아~ 저기 눈밭에 털이 하얗고 폭신폭신한, 귀여운 토끼가 있네?! '영차' 토끼가 일어나나봐. 히익?!! **뭐야, 이거!! 다리가 길어서 좀 징그러운데?!!** 북극토끼는 이름 그대로 북극 지방에 사는 토끼야. 자세히 보면 토끼랑은 다르게 몸집도 크고 다리도 길어. 북극늑대 같은 천적에게 잡히지 않기 위해 뒷다리가 길어진 거래. **덕분에 무척 빠르게 달릴 수 있대!**

기본 정보

이름	북극토끼
학명	Lepus arcticus
분류	포유류
서식지	그린란드
크기	몸길이 48~67cm

알고 보면 멋진 녀석이야!
이래 봬도 최고 시속 60km인 발 빠른 토끼야!

➕ 토끼는 울지 않기 때문에 반려동물로 인기가 높아졌다. 일반적으로 기르는 집토끼의 체중은 1~2킬로그램 정도지만, 북극토끼의 체중은 약 3~5킬로그램이며, 대형은 7킬로그램까지 나간다. 앉아 있을 때는 커다란 찹쌀떡 같아서 귀엽지만, 일어서면 갑자기 짐승 느낌이 확 나는, 징그러우면서도 귀여운 토끼다.

꽃이 아니라 코라니까
별코두더지

별코두더지는 코가 손이래♬

 육지

어? 아무것도 없는 벌판에 빨갛고 예쁜 꽃이 피어 있잖아? 우와앗!! **꽃이 아니라 별코두더지의 코였어!!** 별코두더지는 멀리서 보면 별 모양이고, 가까이서 보면 두 손을 펼친 것 같은 독특한 코를 갖고 있어. 그리고 **1초 동안 무려 10~12회나 코를 바닥에 밀면서 먹이를 찾는대.** 이 코에는 신경이 많이 모여 있어서, 땅속에 뭐가 있는지 인간의 손보다 5배나 섬세하게 판단할 수 있나 봐!

기본 정보

이름	별코두더지
학명	Condylura cristata
분류	포유류
서식지	북아메리카
크기	몸길이 12cm

알고 보면 멋진 녀석이야!
별 모양의 코는 먹이를 찾을 때 손 역할을 한대!

✚ 별코두더지는 기묘한 붉은 색의 코를 가진 두더지과 동물이다. 혹독한 추위의 땅에서 살아남기 위해서는 대량의 먹이가 필요하다. 하지만 땅속은 어둡고 별코두더지의 눈은 퇴화해서 보이지 않는다. 그래서 앞이 보이지 않는 땅속에서 1초라도 빨리, 효율적으로 먹이를 찾을 수 있도록 진화했다. 그 결과, 뛰어난 후각과 손처럼 섬세한 감각을 가진 코를 얻어 지금의 모습이 되었다.

초밥이 꿈틀꿈틀
애기아르마딜로

참치 뱃살 아니 아니~, 아르마딜로야!

난 맛있는 건 뭐든 좋아하지만, 역시 초밥이 최고야! 참치랑 연어랑 새우랑……. 그중에서도 제일 좋아하는 건 역시 참치 뱃살이지! 잘 먹겠습니다~~아……?! 초밥이 움직이고 있잖아?!! 참치 뱃살 초밥처럼 생긴 이 아이는 애기아르마딜로라고 해. 몸길이가 10센티 정도밖에 안 되는 세계에서 제일 작고 귀여운 아르마딜로야. 평소에는 깊은 땅 속에 산다는데, 딱 손바닥만 한 크기야. 이렇게 손 위에 올려 놓고 보니…… 츄릅츄릅, 맛있겠다.

기본 정보

이름	애기아르마딜로
학명	Chlamyphorus truncatus
분류	포유류
서식지	아르헨티나
크기	몸길이 8~11cm

알고 보면 멋진 녀석이야!
평소에는 깊은 땅속에 사는데, 엉덩이로 모래를 단단하게 만든대!

➕ 애기아르마딜로는 피갑목 요정아르마딜로과에 속하며 세상에서 가장 작은 아르마딜로다. 아르마딜로는 콩벌레처럼 몸을 둥글게 말아 방어하는데, 등에는 피부가 딱딱하게 변화한 갑옷인 '비늘 갑판'이 있다. 애기아르마딜로의 몸은 하얀색이고 비늘 갑판은 분홍색이라서, 꼭 참치 뱃살 초밥 같은 모양새다.

머리는 뱀
꼬리는 거미
거미꼬리뿔독사

새야~ 새야~
어서 와
거미를 먹으렴~

생물들은 사냥하는 쪽이나 사냥당하는 쪽이나 항상 목숨을 걸고 있어. 어떻게 해야 먹이를 구하고, 천적에게서 도망칠 수 있을지 늘 생각하면서 진화를 계속해 왔지. 거미꼬리뿔독사는 효과적인 사냥을 위해 **꼬리에 거미처럼 생긴 미끼를 달았어.** 이런 식으로 진화할 수도 있다니 정말 놀랍지? 그리고 이 가짜 미끼로 **새를 유인하기 위해 거미의 움직임을 똑같이 따라 한대!** 단순히 꼬리를 흔드는 게 아니라, 거미 다리를 하나씩 움직이는 식으로 말이야. 인간이 봐도 착각할 만큼 거미와 비슷하게 생겼어.

기본 정보

이름	거미꼬리뿔독사
학명	Pseudocerastes urarachnoides
분류	파충류
서식지	이란
크기	전체 길이 30~60cm

알고 보면 멋진 녀석이야!
거미 꼬리를 움직이면서 가만히 먹이를 기다리다니 똑똑하네.

➕ 거미꼬리뿔독사는 2006년에 처음 발견된 비교적 새로운 생물이다. 거미꼬리뿔독사 말고도 가짜 미끼를 사용해서 먹이를 낚는 생물은 초롱아귀 등 다양하지만, 거미의 체형이나 다리 모양, 움직임까지 정밀하게 재현하고 있는 것은 무척 놀랍다. 그래도 어떤 새들은 이 거미가 가짜라는 것을 꿰뚫어 보고 걸려들지 않는다고 한다. 역시 생물의 세계는 신비롭다.

파란 혀를 날름날름
동부푸른혀도마뱀

파란 혀를 줄까?
빨간 혀를 줄까?

육지

옆 나라 일본에는 아직 정체가 밝혀지지 않은 '쓰치노코'라는 환상의 생물이 있대. 깊은 산속에 쓰치노코가 나타난다는 소문이 있다니 한번 가볼까? 앗! 저기 수풀이 우거진 곳에서 뭔가 움직이는 소리가 났어!! 에잇! 잡았다~~!!! 어? 이건……
손발이 달린 도마뱀이잖아?! 게다가 혀가 새파래!! 쓰치노코와 꼭 닮은 동부푸른혀도마뱀은 **큰 몸집을 가진 도마뱀의 일종**이야. 1970년대에 수입되어 사육하게 되었대. 그러고보니 쓰치노코가 화제가 되었던 시기랑 비슷한 것 같은데…… 서, 설마……?

기본 정보

이름	동부푸른혀도마뱀
학명	Tiliqua scincoides
분류	파충류
서식지	인도네시아, 호주
크기	몸길이 20~70cm

알고 보면 멋진 녀석이야!
집에서 키울 수 있는 대형 파충류로 인기가 높아!

➕ 동부푸른혀도마뱀은 뱀목 도마뱀과에 속한다. 파란 혀를 가지고 있는 게 특징인데, 위에서 보면 신기하게도 쓰치노코처럼 생겼다. 망치를 닮은 형태로 평평한 배와 삼각형의 머리 모양을 한 뱀인 쓰치노코는 일본 전역에서 목격담이 있었으나 사실 확인이 안된 미확인 생물이다. 쓰치노코가 화제가 되었을 때 이 도마뱀과 착각해서라는 설도 있지만, 에도 시대(1602~1867)의 책에서도 이미 쓰치노코가 등장하고 있다니 수수께끼가 더욱 깊어질 뿐이다.

우스꽝스럽지만 친숙한 외모
버젯 프로그

음~ 버블티는 종류도 다양하고 맛있어~!! 응? 버젯 프로그의 별명이 둥근타피오카개구리라고? 타피오카가 설마…… 이 개구리의 알……이야……? 에이, 여우 너 거짓말하는 거지?! 버젯 프로그는 버블티에 들어가는 타피오카랑은 전혀 상관없어. **동글동글한 눈이 타피오카** 같다고 해서 이런 별명이 붙었다나 봐. **몸집은 땅딸막하고 큰 편인데, 쿡쿡 찌르면 구웨에에엑! 하고 소리 지르며 뛰쳐나간대.** 이건 상대를 위협하는 소리지만, 인간 입장에서 보면 하나도 안 무서울 수밖에…….

기본 정보

이름	버젯 프로그
학명	Lepidobatrachus laevis
분류	양서류
서식지	남아메리카
크기	몸길이 11~12cm

알고 보면 멋진 녀석이야! 수족관에서도 못생겼지만 귀여운 생물로 주목받고 있어!

✚ 버젯 프로그는 뿔개구리과에 속하는 커다란 개구리다. 위쪽에 달린 눈이 특징이며 얼빠진 표정을 하고 있다. 한때 이 개구리의 알이 타피오카의 원료라는 거짓 소문이 돌았는데, 타피오카의 원료는 고구마 비슷한 덩이뿌리 식물이니 안심하자.

경고색에 숨겨진 독
독화살개구리

으**윽!! 빨강, 파랑, 노랑……. 한눈에 봐도 위험해 보이는 색깔이라, 독이 들어 있다고** 얼굴에 쓰여 있는 것 같아……. 이 녀석은 바로 독화살개구리야. 개미나 투구벌레 같은 곤충을 잡아먹고 독을 만들어내는 무서운 생물이지. 특히 황금독화살개구리는 성인 10명을 죽일 수 있는 무시무시한 신경독을 가지고 있어! 그래도 **이 독의 성분을 사용해서 진통제를 개발하는 중이래!** 애완용으로도 인기 만점이야.

기본 정보

이름	독화살개구리
학명	Dendrobates trivittatus
분류	양서류
서식지	아메리카
크기	몸길이 2.5~6cm

알고 보면 멋진 녀석이야!
강력한 독이지만 잘 사용하면 약이 된다고!

➕ 세계에 200종류나 되는 독화살개구리는 알록달록한 색깔을 띤다. 현지 사람들이 사냥할 때 그 독을 독화살에 사용할 만큼 위험한 개구리이기도 하다. 생김새부터 자신이 위험한 생물이라고 알려주듯 화려한 '경고색'을 띠고 있다. 강력한 독성을 가진 개구리지만, 서식 환경이 다르거나 안전한 먹이를 먹는 애완용의 경우에는 독을 가지고 있지 않다.

위장술의 달인
잎꼬리도마뱀붙이

꼭꼭 숨었다!
나 찾아 봐라~

보인다… 보인다아아……. 인간의 눈은 속여도 변신이 특기인 나 너구리의 눈은 쉽게 속일 수 없지! 잎꼬리도마뱀붙이는 평범한 **나무 위에 달라붙어 천적을 속이는 닌자 같은 도마뱀이야.** 크기가 10센티미터 전후라 결코 작지 않은데도 못 알아보는 건, **나무의 무늬와 울퉁불퉁한 느낌까지 완벽히 재현하기 때문이야.** 이 정도로 닮으면 나뭇가지인 줄 알고 꺾어버릴까 봐 걱정될 정도네…….

기본 정보

이름	잎꼬리도마뱀붙이
학명	Uroplatus pietschmanni
분류	파충류
서식지	마다가스카르
크기	몸길이 13cm

알고 보면 멋진 녀석이야!
인간도 눈치채지 못하다니 어마어마한 위장술이네.

➕ 잎꼬리도마뱀붙이는 도마뱀붙이과에 속하는 마다가스카르 고유종이다. 가장 큰 녀석은 30cm를 넘는다고 한다. 나무줄기나 낙엽으로 **의태(동물이 자신의 몸을 보호하거나 사냥하기 위해 모양이나 색깔이 주위와 비슷하게 변하는 것)**하는 능력이 뛰어나, 나무 위에 가만히 있으면 인간도 알아보지 못할 정도다. 하지만 몸의 독특한 무늬 때문에 관상용으로 원하는 사람이 많아 밀수가 늘어나서 멸종위기종이 되고 말았다.

1마리가 100마리로
플라나리아

이힛~ 잘라도 잘라도 다시 살아나지~

육지

밥 아랏~!! 너굴너굴 공격~!!! 히이익… **두 동강 냈더니 머리가 하나 더 생겨났잖아?!!** 플라나리아는 강에 사는 2센티미터 크기의 작은 생물이야! **몸을 반으로 잘라도 죽지 않고, 그대로 2마리가 되는 불사신이기도 하지.** 어떤 학자는 시험 삼아 100번이나 나눠봤는데, 그래도 101마리가 되어 계속 살았다는 무서운 기록도 있대…… 후덜덜…….

기본 정보

이름	플라나리아
학명	Tricladida
분류	편형동물
서식지	한국, 일본
크기	2cm

알고 보면 멋진 녀석이야!
여름방학 숙제로 관찰해보는 것도 추천이야!

✚ 플라나리아는 편형동물인 육지플라나리아과에 속한다. 몸을 자르더라도 분열하는 것이 특징이다. 전국의 강 어디나 살고 있고, 아쿠아리움에서도 물에 사는 동식물을 키우다 보면 대량으로 발생하기 때문에 골칫거리다. 참고로 플라나리아를 잡기 위한 전용 상품도 있다.

보석같이 푸른빛
구티 사파이어 오너멘탈

내가 보기보단 독이 적단다~

육지

후 후후… **타란툴라 거미는 대부분의 사람들이 징그럽다거나 기분 나쁘다고 하지만**…… 나는 꽤 좋아한다고……. 구티 사파이어 오너멘탈은 거미 애호가들 사이에서 최상급 인기를 자랑하는 타란툴라야. **허물을 벗은 직후에 파란 보석 같은 사파이어 블루 색이 되거든.** 시간이 지나면 대부분 갈색으로 돌아오니까, 그 한순간의 반짝임에 더욱 빠져드는 걸지도 몰라…….

기본 정보

이름	구티 사파이어 오너멘탈
학명	Poecilotheria metallica
분류	거미류
서식지	인도
크기	8cm

알고 보면 멋진 녀석이야!
보석처럼 아름다운 타란툴라는 신비한 매력이 있어.

✚ 구티 사파이어 오너멘탈은 인도 중남부에 사는 선명한 빛깔의 타란툴라다. 몸체의 파란빛은 비단벌레나 나비의 날개와 같은 구조로 반짝이고 있는데, 어떻게 이토록 아름다운 푸른빛을 띠는지 그 이유는 모른다. 무척 거친 성질에 독성도 강하며, 개체 수의 감소로 인해 멸종의 위험이 있는 생물이다.

토토로의 고양이 버스?
에오페리파투스 토토로

내가 좀 닮긴 했지!

육지

후 우… 숲속을 헤매다 보니 음침하고 축축한 곳이 나왔어. 어머, **토실토실한 지렁이 같은 기다란 생물과 마주치고 말았네**……. 어머나, 어디서 본 것 같다 싶었더니, 에오페리파투스 토토로구나. 가까이서 보니 짤막한 여러 개의 다리, 땅딸막한 몸집에 온몸은 독특한 털로 덮여 있네. 애니메이션에서 본 듯한 모습인데…… **마치 이웃집 토토로에 나오는 고양이 버스처럼 생겼잖아?** 뭐, 기분 탓이겠지……?

기본 정보

이름	에오페리파투스 토토로
학명	Eoperipatus totoros
분류	유조동물
서식지	베트남
크기	6cm

알고 보면 멋진 녀석이야!
살아 있는 화석이자 진화의 과정을 밝혀줄 열쇠라고 해.

✚ 에오페리파투스 토토로는 유조동물인데 곤충도 지렁이도 아닌 신기한 생물이다. 5억 년 전부터 모습이 거의 바뀌지 않아 '살아 있는 화석'이라고도 부른다. 평소에는 두 뿔에서 하얗고 끈적끈적한 하얀 점액을 만들어서 먹이를 잡는다. 에오페리파투스 토토로라는 이름을 붙인 건 외국의 연구자인데, 갈색 몸과 짧은 다리를 보고 고양이 버스를 생각하며 이 이름을 지었다고 한다.

육지

가

느다란 몸과 긴 다리, **부리부리 까맣게 빛나는 눈알**……. 투망거미는 자기 집에서 먹이가 걸려들기를 가만히 기다리지 않아. **실뜨기를 하듯이 손수 짠 그물을 들고 있다가, 먹이를 발견하면 그물로 확 덮어씌워서 잡아!** 보통은 야행성이라 나무 위에 가만히 숨어서 먹이를 기다리고 있으면, 전혀 보이지 않는대. 영어 이름은 '네트 캐스팅 스파이더(Net casting spiders)'로 그물을 던지는 거미라는 뜻이야!

기본 정보

이름	투망거미
학명	Deinopidae
분류	거미류
서식지	아프리카, 오스트레일리아
크기	몸길이 13~20cm

알고 보면 멋진 녀석이야!
직접 먹이를 잡으러 가는 적극성을 본받고 싶어!

✚ 투망거미는 그물을 이용해서 사냥하는 독특한 거미로, 전 세계에 60종 정도 살고 있다. 보통 거미와 달리 그물을 던져서 먹이를 잡기 때문에 투망거미라는 이름이 붙었다. 몸체는 나무에 가까운 수수한 갈색이라 보호색의 효과도 있다.

천년을 사는 장수 식물
웰위치아

아프리카의 나미브 사막에 놀러 왔어~!! 역시 사막인 만큼 주위가 온통 모래투성이네. 이런 곳에 정말 생물이 있을까……? 앗! **잎사귀가 시들시들한 마른 식물 같은 게 있잖아?** 이건 웰위치아라고 한대! 웰위치아는 사막에서도 살아남을 수 있도록 뿌리가 10미터나 되고, 마른 잎사귀를 통해 공기 중의 수분을 흡수하는 영리한 식물이야. 메마른 식물처럼 보이지만, **무려 1,000~2,000년이나 살아온 식물이래!**

기본 정보

이름	웰위치아
학명	Welwitschia mirabilis
분류	식물
서식지	아프리카
크기	2~3m

알고 보면 멋진 녀석이야!
시들시들해 보이지만 아직 쌩쌩한 장수 식물이야!

➕ 웰위치아는 사막에서 자생하는 식물이다. 시들시들하고 바싹 마른 잎처럼 생겼지만, 물이 없는 사막에서 수천 년 동안 살 수 있는 기상천외한 식물이다. 워낙 오래 살기 때문인지, 싹이 트고 열매를 맺을 때까지 25년이나 걸린다는 점도 큰 특징이다. 조상 대대로 물려받아서 키우는 것도 재미있을지 모른다.

식물 하면 다들 뭐가 떠올라? 역시 나뭇잎 사이에 꽃이 피어 있는 모습을 상상하려나? 하지만 **이 괴물처럼 생긴 식물**을 보면 그 생각은 무너지고 말 거야. 히드노라 아프리카나는 아프리카 남부의 건조지대에서 자생하는 식물이야. 그런데 **스스로 광합성하는 것이 아니라, 다른 식물의 뿌리에 기생해서 살아간대**. 그리고 충분한 영양을 취하면 땅 위로 얼굴을 내밀고 꽃가루를 옮겨 번식한대. 지구 밖 생명체도 놀라고 갈 만큼 오싹하네.

기본 정보

이름	히드노라 아프리카나
학명	Hydnora africana
분류	식물
서식지	아프리카 남부
크기	8cm (지표면의 꽃 크기)

알고 보면 멋진 녀석이야!
열매는 2년에 한 번 정도 열리는데, 감자 같아서 맛있다나 봐.

✚ 학교에서 배웠듯이 식물이 자라기 위해서는 물과 공기와 빛이 필요하다. 하지만 히드노라 아프리카나는 다른 방법으로 에너지를 만들어낸다. 우선 잎사귀를 가지고 있지 않기 때문에, 필요한 에너지는 가까이 있는 식물의 뿌리에서 빼앗는다. 꽃이 피면 강한 똥 냄새를 풍겨서 쇠똥구리를 끌어들이고, 꽃가루를 옮기게 한다. 정말이지 제멋대로인 식물이다.

피를 흘리는 신기한 나무
용혈수

앗, 손이 미끄러져서 나무에 상처가 나고 말았네. 미안미안……. 우왓! **상처 난 곳에서 피가 철철 흐르잖아?!!** 설마 내가 돌이킬 수 없는 짓을 한 건……. 뭐? 이건 용혈수라고? 나무 줄기에 상처가 나면 피처럼 빨간 수액이 나오는 나무란 말이야? **용혈수의 수액은 염료로 사용할 뿐 아니라, 지혈제나 소독제, 염증을 가라앉히는 약으로도 쓰인다.** 무척 비싸지만 참 고마운 나무로구나! 아깐 깜짝 놀랐는데, 정말 유용한 약이 될 것 같아!

기본 정보

이름	용혈수
학명	Dracaena draco
분류	식물
서식지	소코트라섬
크기	나무 높이 10~20m

알고 보면 멋진 녀석이야!

나무에서 흘러내리는 붉은 수액은 만능 약이래!

➕ 용혈수는 한자로 '용의 피가 흐르는 나무'라는 뜻이다. 오래된 나무 중에는 무려 7,000년 이상 살아남은 장수 나무도 있으며, 우산을 닮은 모양은 고대 나무의 특징을 이어받은 거라고 한다. 용혈수가 자라는 예멘의 소코트라섬은 '인도양의 갈라파고스'라고 할 만큼 다양한 생물이 존재하며, 생물의 다양성 보전을 위한 세계 유산에 등록되어 있다.

세상에서 가장 딱딱한 벌레
파키링쿠스 인페르날리스

나를 깨물다간 턱이 부러질지도….

육지

저게 뭐지? 머리는 코끼리같고 몸은 호리병같은 새까만 벌레가 나타났다아! 시험 삼아 콕콕……. 아야얏!! 너무 딱딱해서 전혀 꿈쩍도 하지 않아! 파키링쿠스 인페르날리스는 너무 딱딱한 나머지, 날개가 펴지지 않아 날 수 없게 된 슬픈 곤충이야. 천적으로부터 몸을 지키기 위해 딱딱하게 진화한 건 좋지만…… 이대로 괜찮은 걸까? 그래도 딱딱함이라면 누구에게도 지지 않아! 크기는 1센티미터 정도인데, 차에 밟혀도 찌그러지지 않을 정도로 딱딱하대!

기본 정보

이름	파키링쿠스 인페르날리스
학명	Pachyrrhynchus infernalis
분류	곤충
서식지	일본 야에야마 제도
크기	11~15mm

알고 보면 멋진 녀석이야!
표본을 만들 수 없을 정도로 딱딱하다니, 졌다 졌어!

✚ 파키링쿠스 인페르날리스는 바구미의 일종이다. 바구미는 긴 주둥이 때문에 코끼리를 닮은 곤충으로 알려져 있다. 파키링쿠스 인페르날리스가 얼마나 딱딱한지, 핀이 들어가지 않아서 곤충 표본을 만들 수도 없고, 새에게 잡아먹혀도 소화되지 않을 정도라고 한다. 이 딱딱함의 이유는 바구미 몸속에 있는 세균이 '타이로신'이라는 물질을 생산하기 때문이다. 바구미와 세균의 공생 관계는 1억 년 전부터 시작되었다고 한다.

머리에 헬리콥터 날개가
뿔매미

내 친구는 안테나가 달렸어~

매미는 역시 여름의 상징이지. 무더운 날씨에 맴맴~ 기운 넘치는 울음소리가 특징이기도 하고. 그런데 이 뿔매미는 우리가 생각하는 매미랑은 전혀 달라서 징그럽게 생긴 것도 엄청 많대. '매미'라는 이름이 붙어 있긴 해도, 매미는 매밋과, 뿔매미는 뿔매밋과라서 전혀 다른 곤충이라지 뭐야. 게다가 뿔매미는 생김새가 제각각이라 뿔 모양, 초승달 모양, 안테나 모양 등 다양한 종류가 있어. 무척 개성이 풍부하고 신기한 곤충이야.

기본 정보

이름	뿔매미
학명	Membracidae
분류	곤충
서식지	일본, 중남미
크기	몸길이 0.5~3cm

알고 보면 멋진 녀석이야!
이렇게 다양한 뿔매미가 있다니 보기만 해도 즐거워.

✚ 뿔매미는 세계에서 3200종 이상 발견된 신기한 곤충이다. 그중 대다수가 가슴 부분부터 자란 뿔이나 안테나 같이 생긴 특이한 '헬멧'을 가지고 있다. 한편 개미와 공생한다는 사실도 확인되었다. 식물에서 얻은 여분의 당분과 수분을 개미에게 나누어 주고, 개미의 보호를 받으며 작은 공동생활을 하는 모습이 발견되었다.

낙엽이 아니고 나방이야?
기생재주나방

마른 낙엽이라고 함부로 밟으면 안 돼~

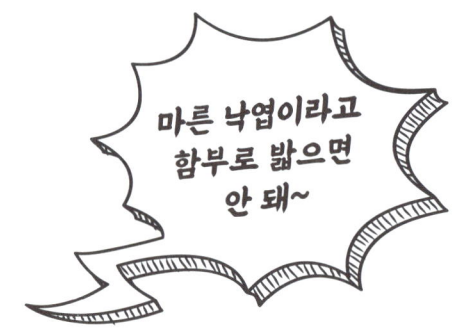

 육지

아 ~ 배고파! 낙엽을 모아서 군고구마 해 먹어야지~!! 히익! 낙엽 더미에서 나방이 날아올랐어! **보고 또 봐도 낙엽 같은 이 생물**은 바로 기생재주나방이야. 기생재주나방이 **날개를 펼치면, 둥글게 말린 낙엽처럼 보일 정도로 입체감이 완벽하게 느껴지거든!** 인간조차 낙엽인 줄 알고 밟고 지나가는 일도 있대.

기본 정보

이름	기생재주나방
학명	Uropyia meticulodina
분류	곤충
서식지	한국, 중국, 일본
크기	몸길이 48~55mm

알고 보면 멋진 녀석이야!
기생재주나방은 진정한 위장술의 대가야!

➕ 기생재주나방은 재주나방과에 속한다. 사진이나 영상을 보더라도 전혀 나방인 줄 모를 정도고, 아름다운 모습은 자연의 신비를 느끼게 한다. 아무것도 하지 않아도 항상 나뭇잎으로 위장한 것처럼 보인다. 안타깝게도 사람들이 오가는 길에 밟히는 경우가 종종 있다.

꽃으로 위장한 아기 벌레
에메랄드나방 애벌레

육지

어디선가 누군가의 시선이 느껴지는걸……? 어머, 저기 꽃 속에 숨어 있는 건 뭐지? 에메랄드나방 애벌레구나! 꾸깃꾸깃 말라비틀어진 다시마 같은 이 애벌레는 자나방의 일종이야. 에메랄드나방 애벌레는 의태가 특기인데, 꽃을 작게 떼어내서 자기 몸에 붙이는 놀라운 방법을 쓴대. 입에서 실을 뽑아 등의 뾰족한 돌기에 부지런히 꽃을 붙이고, 자연이라는 옷을 입는 거지.

기본 정보

이름	에메랄드나방 애벌레
학명	Synchlora aerata
분류	곤충
서식지	북아메리카
크기	몸길이 1cm

알고 보면 멋진 녀석이야!
꽃으로 위장하다니 너무 로맨틱하다.

✚ 의태의 방법은 생물에 따라 천차만별이다. 문어나 카멜레온처럼 보호색을 쓰는 생물도 있고, 아예 다른 생물이나 물건으로 변하는 기생재주나방이나 개미거미도 있다. 하지만 에메랄드나방 애벌레처럼 주위 물건을 도구로 사용하는 것은 무척 드문 경우다. 자연스럽게 주변에 녹아드는 모습은 예술 그 자체다. 참고로 어른이 되면 양배추 같은 진녹색의 에메랄드나방이 된다.

짜잔~ 공으로 변신!
체라토칸투스

자신을 보호하기 위해 형태를 바꾸는 생물 중에는 공벌레나 아르마딜로가 유명하지. 하지만 그 애들은 머리와 꼬리를 붙여서 둥글게 할 뿐이야. 반면 체라토칸투스는 **아주 단조롭고 평범해 보이는 풍뎅이**지만, 정말 놀랍게 변신해. 6개의 다리를 요령 있게 몸 안으로 접어 넣으면, 빈틈이라곤 하나도 없는 예쁜 공 모양이 되거든. **천적이 공격할 수 없게 되는 거야!** 몸을 둥글게 마는 방법 하나도 생물에 따라 이렇게 다양하다니, 자연은 역시 심오해.

기본 정보

이름	체라토칸투스
학명	Ceratocanthus sp.
분류	곤충
서식지	동남아시아
크기	몸길이 5mm

알고 보면 멋진 녀석이야! 공으로 변신하는 모습이 가히 트랜스포머급이네.

➕ 체라토칸투스는 딱정벌레목 풍뎅잇과에 속한다. 위험을 느끼면 몸을 동그랗게 말아 완벽한 공으로 변신한다. 워낙 동글동글하고 반들반들하기 때문에 손으로 잡는 것조차 불가능하다. 최근에는 동그랗고 귀여운 눈과 독특한 변신 덕분에 인기를 얻어, 뽑기 기계의 피규어로 나오기도 했다.

뿌~웅 방귀 대장
폭탄먼지벌레

오지 마! 가까이 오면 내 방귀에 데인다!

푸 훗!! 폭탄먼지벌레라니 이상한 이름의 벌레가 다 있네. 어디 한번 쿡쿡 찔러 볼까……? 앗, 뜨거워!!! 폭탄먼지벌레는 **위험을 느끼면 엉덩이에서 100℃의 뜨거운 가스를 분사하는** 엄청난 벌레야. 게다가 냄새도 어마어마하다고!! 그래서 '방귀벌레'라는 별명도 있대. **개구리에게 잡아먹히더라도 이 고온 가스를 뿜어내서 다시 토해내게 만든대.** 방귀도 쓸모가 있네.

기본 정보

이름	폭탄먼지벌레
학명	Pheropsophus jessoensis Morawitz
분류	곤충
서식지	한국, 중국, 일본
크기	몸길이 1.6cm

알고 보면 멋진 녀석이야! 방귀라고 얕보다간 큰코다칠 거야!

➕ 폭탄먼지벌레는 자극적인 냄새가 나는 두 종류의 화학 물질을 배 속에 모은다. 그리고 천적을 만나면 이 두 물질을 합성시켜서, 순간적으로 연기가 나올 만큼 뜨거운 100℃의 고온 가스를 뿜어낸다. 실제로 화상까지 입지는 않지만, 가스가 닿은 부분은 화학 물질 때문에 갈색으로 변한다. 그리고 어마어마한 악취를 풍긴다.

곤충계의 벌새
줄녹색박각시

나방이지만 낮에 돌아다니고 우아하게 꿀을 빨아~

우 와아아아앗!!! 여우야, 도와줘!!! **커다란 벌 같은 벌레가 날아왔어~!!!** 뭐? 이건 벌이 아니라 줄녹색박각시라는 나방이라고? 나방은 질색인데……. **그래도 털이 보송보송한 게 좀 귀여운 것 같기도 하고……?** 자세히 보니까 눈도 동글동글하고, 내가 알고 있는 나방과는 전혀 달라! 나방은 칙칙하고 징그럽다고 생각했는데 인상이 바뀌었어! 와~ 움직임도 완전 빨라!

기본 정보

이름	줄녹색박각시
학명	Cephonodes hylas
분류	곤충
서식지	한국, 인도, 일본 등
크기	5~7cm

알고 보면 멋진 녀석이야!
토끼처럼 털이 복슬복슬해서 좋아하는 사람도 있대.

✚ 줄녹색박각시는 생김새와 달리 나비목 박각시과 나방의 일종이다. 나비와 나방을 분류하는 기준은 사실 애매한 편이다. 보통은 몸의 형태나 행동으로 구분하지만 큰 차이는 없다. 줄녹색박각시는 낮에도 공중을 날아다니며 꽃의 꿀을 빠는 데다, 몸집이 크기 때문에 흔히 어리호박벌이나 벌새로 착각한다.

떨어질 수 없어 우리는 한 몸
쌍둥이벌레

이왕 이렇게 된 거 평생 함께하자고~

나 풀나풀 나비처럼 생긴 생물이 있네~. 이건 한 마리 나비처럼 보이지만 **사실 기생충 두 마리가 합체한 모습이야!** 쌍둥이벌레는 잉어의 아가미에 기생하는데, 어른이 되기 위해서는 유충 때 상대를 찾아야 한다고 해. **상대를 찾으면 유전자를 교환하고, 도저히 떨어질 수 없게 딱 달라붙는대.** 억지로 떼어 놓으면 죽어버리나 봐.

기본 정보

이름	쌍둥이벌레
학명	Eudiplozoon nipponicum
분류	편형동물
서식지	아시아, 유럽
크기	몸길이 1cm

알고 보면 멋진 녀석이야!

상대를 정하면 평생을 함께한다니, 근사한 관계구나.

➕ 쌍둥이벌레는 나비가 아니라 기생충의 일종이다. 알에서 부화한 유충은 10시간 안에 잉어를 찾아 기생해야만 살아남을 수 있다. 그다음에는 필사적으로 인생의 동반자를 찾아 헤매느라 힘든 일생을 보낸다. 도쿄에 있는 '메구로 기생충관'의 초대 관장이 쌍둥이벌레를 연구하고 있어서, 이 박물관의 심벌마크가 되기도 했다.

뇌를 조종하는 기생충
연가시

육지

너구리한테 사마귀 꽁무니를 물에 담가보라고 했더니 이게 튀어나온 거 있지? 처음 봤을 때도 충격이었지만, 몇 번을 봐도 여전히 징그러운 기생충이야. 철사처럼 가는 벌레가 **사마귀나 메뚜기 같은 곤충 꽁무니에서 구불구불 몸부림치듯 튀어나오거든.** 하지만 그게 연가시의 생존 전략이야. 연가시는 곤충의 몸 속에 살면서 뇌를 마음대로 조종한다고 해. 곤충을 조종해 **물에 빠지게 한 다음, 꽁무니에서 유유히 탈출하는 거지!** 그다음에는 또 알을 낳고 곤충의 먹이가 돼 기생하기를 무한반복. 으~ 진짜 오싹하다.

기본 정보

이름	연가시
학명	Gordius aquaticus
분류	유선형동물
서식지	전 세계
크기	몸길이 30~100cm

알고 보면 멋진 녀석이야!
똑똑함과 징그러움은 한 끗 차이일지도 모르겠어.

✚ 연가시의 일생은 곤충의 몸을 숙주로 삼아 돌아간다. 연가시가 물속에서 낳은 알을 물에 사는 곤충이 먹는다. 곤충은 어른이 되면 잠자리나 깔따구가 되어 육지로 이동한다. 그 후, 사마귀가 잠자리를 잡아먹으면 연가시는 사마귀의 배 속에서 자라며 몸을 차지한다. 연가시는 물속에서 번식하기 위해 사마귀를 조종해서 물가로 데려간다. 마침내 사마귀 꽁무니에서 빠져나온 연가시는 다시 물속으로 돌아간다.

 ## 서로 다른 동물이 짝짓기를 하면?

여우	동물은 다른 종류끼리 만나도 새끼가 태어날 수 있어.
너구리	말도 안 돼! 그럼 고양이랑 코끼리도 가능해?
여우	그건 무리지만…… 가까운 유전자의 생물이라면 가능하지.
너구리	예를 들면 어떤 동물이 있는데?
여우	우리 주위에서 볼 수 있는 동물 중에는 잡종 오리가 있어.
너구리	저기서 헤엄치고 있는 저 오리 말이야?
여우	맞아. 잡종 오리는 청둥오리와 집오리가 합쳐진 동물이야. 그밖에도 단봉낙타와 라마가 합쳐진 카마나, 코요테와 늑대가 합쳐진 코이울프도 있어.
너구리	우리가 모르는 생물도 많구나!
여우	우리가 잘 아는 동물도 합쳐지면 재미있는 모습이 된대.
너구리	또 어떤 동물이 있는데?
여우	소와 야크가 합쳐진 조는 어때?

너구리	에이, 이름이 뭐 그래?
여우	소보다 좋은 우유를 만드는 대단한 동물이라고.
너구리	오오, 맛있는 우유를 만드는 동물은 대단하지!
여우	그리고 수사자와 암호랑이가 합쳐지면…….
너구리	우와앗!! 엄청 셀 것 같은데?!!!
여우	바로 라이거가 된단다.
너구리	와아, 이름까지 멋있어!!
여우	호랑이나 사자의 체중은 100~200킬로그램 정도인데, 라이거는 400킬로그램이나 나간대.
너구리	흐, 흐에엑……!
여우	몸길이도 3미터야… 거의 곰에 맞먹는 크기지? 그래서 세계 최대의 고양잇과 동물로 인정받고 있어.
너구리	오호……. 인공적으로 세계 최대의 동물을 만들 수 있단 말이지……. 그럼 더 많은 동물을 이것저것 합치면…….
여우	사실 혼성 동물은 병에 걸릴 가능성이 높아서, 인공적으로 탄생시키는 건 좋지 않다고 해.
너구리	그렇구나……. 궁금하긴 해도 가엾으니까 어쩔 수 없네.

라이거

제2장
징그럽지만 알고 보면 멋진
공중 생물

가끔은 들판에 누워서 멍하니 하늘을 보는 것도 좋구나.

응~ 햇볕을 쬐고 있으면 기분 좋아.
(꾸벅꾸벅)

어머, 저건 솔개인가? 이런 도시에서도 날아다니네! 저기 동박새도 있어!

냐음냐……. 더 이상은 못 먹어.

너구리 너 내 얘기 전혀 안 듣고 있지?
좋은 기회니까 들새를 관찰해 보자고!

그치만~~ 하늘을 봐도 다 똑같은 새밖에 없잖아~~!

흐음……. 하늘에는 온두라스흰박쥐나 어깨걸이극락조처럼 재미있는 생물도 엄청 많은데.

그게 뭐야? 뭔데, 뭔데!!

 공중 생물에 관심 없는 너구리한테는 안 가르쳐 주~~~지!

 비둘기나 까마귀처럼 평범한 생물에 싫증난 거지, 징그럽지만 귀여운 생물은 좋아한다고!

 그런 말을 하다간 천벌 받을걸?

 (물컹!) 윽! 뭔가… 머리에…….

 어머나, 비둘기가 똥을 떨어뜨리고 갔네.

 싫어어어어어어엇!!!!!!!

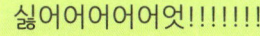

깜 짝 놀란 표정, 심드렁한 표정…. 얼굴 표정이 20개는 될 걸. 좀 바보 같아 보여도 이렇게 **표정이 풍부한 새는 넓은부리쏙독새밖에 없을 거야.** 올빼미보다 훨씬 큰 부리를 갖고 있어서 사냥이 특기지. 게다가 **천적이 다가오면 순식간에 몸을 납작하게 접어서 나무줄기를 흉내 낸다.** 완성도가 장난 아닌 걸……? 어디에 숨었는지 전혀 못 찾겠어.

기본 정보

이름	넓은부리쏙독새
학명	Podargidae
분류	조류
서식지	인도, 호주
크기	전체 길이 23~53cm

알고 보면 멋진 녀석이야!
표정이 풍부한 넓은부리쏙독새는 위장술의 대가야!

➕ 넓은부리쏙독새는 쏙독새목의 일종으로, 생김새는 올빼미를 닮았지만, 분류상으로는 전혀 다른 종류다. 입이 옆으로 길고 개구리를 닮아서 '개구리입쏙독새'라고도 한다. 위험을 느끼면 부리를 위로 향하고 동그란 눈을 감고서 적에게 들키지 않게 나무인 척한다.

동물의 세계에서는 인간이 상상하지 못할 만큼 재미있는 애정 표현이 많아. 열두줄극락조는 **노란색과 까만색으로 알록달록한 무척 예쁜 새**지만 자세히 보면 **엉덩이에 가는 철사 같은 장식깃이 나 있어!** 울다가 웃으면 엉덩이에 털이 난다던데……. 이 꽁지 털, 아니 장식깃은 어디에 쓰냐고? 수컷이 구애할 때 마음에 든 암컷의 얼굴에 꽁지 털을 힘껏 문지른다고 해. 나한테 그런 짓을 하면 따귀를 날려버리겠지만 말이야.

기본 정보

이름	열두줄극락조
학명	Seleucidis melanoleucus
분류	조류
서식지	뉴기니섬, 인도네시아
크기	전체 길이 35cm

알고 보면 멋진 녀석이야! 꽁지 털을 문질러대도 용서하다니 천생연분이네.

+ 열두줄극락조는 참새목 극락조과에 속한다. 극락조는 대부분 예쁜 색깔에 개성이 넘치지만, 이 정도로 특이하게 구애를 하는 새는 없다. 열두줄극락조의 구애 행위를 인간에 비유한다면, 연인과 꽁냥꽁냥하거나 뽀뽀를 하는 느낌인지도 모른다.

흡혈귀의 실제 모델?
흡혈박쥐

> 우린 친구와 피를 나누며 우정을 쌓지~

밤이 되면 하늘을 나는 박쥐를 보고, 너구리가 "흡혈귀 같아!" 하면서 무서워했던 기억이 나네. 그런데 진짜 흡혈박쥐가 있다는 걸 아니? 흡혈박쥐는 **가축의 피를 빨아먹는 위험한 박쥐야. 이 박쥐의 침에는 피가 잘 굳지 않게 하는 성분이 들어 있어.** 그리고 사회성이 굉장히 높은 생물이기도 해. **피를 구하지 못한 친구 박쥐가 있으면 피를 나누어 주고, 은혜를 입으면 꼭 갚는** 착한 면도 있어.

기본 정보

이름	흡혈박쥐
학명	Desmodus rotundus
분류	포유류
서식지	남아메리카
크기	몸길이 7~9cm

알고 보면 멋진 녀석이야!
친구를 잘 챙기는 걸 보니 흡혈박쥐는 마음씨가 착한가 봐.

➕ 박쥐는 전 세계에서 1,000종류 정도 확인되었다. 그중 피를 먹이로 하는 종류는 3종류밖에 없고, 인간(**포유류**)의 피를 빠는 것은 흡혈박쥐뿐이다. 흡혈귀(**뱀파이어**)의 모델이라는 설도 있지만, 사실 흡혈귀가 탄생한 동유럽에는 흡혈박쥐가 없다. 흡혈귀 이야기는 늑대인간이나 악마에서 비롯되었다는 설이 유력하다.

나뭇잎 텐트의 하얀 꼬물이들
온두라스흰박쥐

공중

우와, 하얗고 말랑말랑해 보이는 찹쌀떡이 있어!~ 으아아앗?!! 바바바박쥐?!! 이건 온두라스흰박쥐라고 해. 세계적으로도 아주 희귀한 **새하얀 박쥐야!** 노란색 코와 귀가 정말 깜찍하지 않니? 평소에는 커다란 나뭇잎 뒤에 숨어서 살아. **수컷 하나에 암컷 여럿이서 하렘**(포유동물 번식 집단의 한 형태로 한 마리의 수컷과 많은 암컷으로 구성된 집단을 이르는 말)**을 이루는데, 올망졸망 모여 있는 모습을 보면 너무 귀여워.** 나뭇잎에 잘 매달리기 위해 갈고리 같은 발톱을 나뭇잎에 거는데, 이때는 잎이 시들지 않도록 잎맥을 피해서 발톱을 꽂는대. 정말 영리하지?

기본 정보

이름	온두라스흰박쥐
학명	Ectophylla alba
분류	포유류
서식지	중앙아메리카
크기	몸길이 3~5cm

알고 보면 멋진 녀석이야!
잎사귀 뒤에 찹쌀떡들이 옹기종기 모여 있는 것 같아!

➕ 박쥐 하면 흔히 새까만 박쥐를 떠올리기 쉽지만, 온두라스흰박쥐는 새하얀 박쥐다. 동굴에 사는 박쥐는 어둠 속에 몸을 숨겨야 해서 새까맣다. 하지만 온두라스흰박쥐는 헬리코니아라는 식물의 잎사귀 뒤에 집단으로 숨어 산다. 햇빛이 잎사귀에 내리쬐면 까만 박쥐는 그림자 때문에 금방 새에게 들키고 만다. 그래서 햇빛이 비쳐도 천적인 새에게 들키지 않도록, 온두라스흰박쥐는 하얀 몸을 갖게 되었다.

뼈까지 쌔까만 신기한 닭
아얌 쯔마니

세계에서 가장 비싼 닭이라니까!

공중

머리부터 발끝까지 다 사랑스러워~ 가 아니고 쌔까매~. 어둠 속에서 이 정도로 능숙하게 모습을 감출 수 있는 생물이 있을까? **아얌 쯔마니는 한눈에 알 수 있을 정도로 온몸이 새까만 닭이야.** 깃털뿐 아니라 속살과 내장, 뼛속까지도 전부 까맣대. 멜라닌 색소가 비정상적으로 많은 데다, 멜라닌이 많으면 많을수록 시커메지는 유전적 특징을 갖고 있어. 현지 사람들은 함부로 입에 담지 않을 만큼 신성한 닭이야.

기본 정보

이름	아얌 쯔마니
학명	Gallus gallus domesticus
분류	조류
서식지	인도네시아
크기	몸길이 50~70cm

알고 보면 멋진 녀석이야!
마치 흑마법에 사로잡힌 것 같아서, 신기하고 경건한 느낌이야.

✚ 아얌 쯔마니는 인도네시아가 원산지인 기묘한 닭이다. 아얌은 인도네시아어로 '닭', 쯔마니는 자바어로 '완전한 검정'을 의미한다. 한 마리에 약 70만 원부터 최고 품질은 250만 원까지 하는 고급 식재료이기도 하다. 의식이나 제사 등 특별한 때만 먹을 수 있고, 검은 고기에는 신비한 힘이 깃들이 있다고 믿는다.

새들이 추는 구애의 춤은 개성적이고 귀여운 것부터 재미있는 것까지 엄청 많은 것 같아~. 응? **이 커다란 날개를 가진 수수께끼 생물은 뭐지……?** 앗, 어깨걸이극락조다! 이 새는 지구상에서 가장 까맣다는 칠흑의 깃털을 가지고 있어. **암컷을 발견하면 수컷은 날개를 모두 펼치고, 옆으로 계속 폴짝폴짝 뛰어다니는 춤을 추며 매력을 뽐낸대!** 구애의 춤은 멋지지만, 정면에서 보면 무슨 생물인지 모르겠어……. 파란 무늬가 얼굴로 보여서 이상해~!!!

기본 정보

이름	어깨걸이극락조
학명	Lophorina superba
분류	조류
서식지	뉴기니섬
크기	몸길이 26cm

알고 보면 멋진 녀석이야!
빛을 흡수하는 칠흑의 날개는 태양 전지로 응용할 수 있나 봐!

✚ 어깨걸이극락조는 극락조 또는 풍조라고 하는 새의 일종이다. 43종의 극락조 중 어깨걸이극락조는 1종밖에 존재하지 않는다고 알려졌으나, 최근 '포헬콥 어깨걸이극락조'라는 다른 종이 발견되었다. 이 새는 구애의 춤을 추는 방식과 청색 무늬에서 미묘한 차이가 있는 것으로 밝혀졌다. 이 두 종류를 구분할 수 있게 되면, 어깨걸이극락조 박사라고 자처할 수 있을 듯하다.

하 아… 또 차였어………. 대체 멋진 남자가 되려면 어떻게 해야 할까? 핫! 너는 혹시 산쑥들꿩?!! 뭐야뭐야……. **인기를 얻고 싶으면 가슴을 부풀리면 된다고?** 저기, 너희들은 수컷인데도 그런단 말이야?!! 산쑥들꿩은 가슴 부분에 두 개의 공기주머니가 있어. 그래서 멋쟁이 수컷은 **암컷을 발견하면 가슴에 공기를 넣어서 부딪치며 매력을 발산한대!**

기본 정보

이름	산쑥들꿩
학명	Centrocercus urophasianus
분류	조류
서식지	북아메리카
크기	전체 길이 55~80cm

알고 보면 멋진 녀석이야!
터질 듯이 부푼 가슴에서 뜨거운 사랑이 전해진다네.

➕ 산쑥들꿩의 구애 방식은 참으로 특이하다. 수컷은 번식할 시기가 되면 우선 '렉'이라고 하는 집단 구애 장소, 인간으로 치면 미팅 장소를 마련한다. 그리고 꽁지깃을 펼치고 가슴을 크게 부풀려서, 수컷의 상징인 공기 가슴을 뽐내는 것이다.

덤불해오라기는 '조류계의 양하'라는 별명이 있어. **양하처럼 생긴 몸에 안짱다리라 다소 기묘해 보이지.** 갈댓잎으로 위장할 때도 있지만 결국 들키고 말아. 목을 길~게 빼고 있을 뿐인데, 그걸로 정말 괜찮은 걸까……? **의태는 서투르지만, 발가락 사이가 넓어서 물에 뜬 이파리 위를 걸을 수 있대.** 먹이를 찾을 때는 연못 한가운데까지 와서는 이파리 위에서 목을 길게 빼고 물고기를 먹는대. 재주도 좋구나!

기본 정보

이름	덤불해오라기
학명	Ixobrychus sinensis
분류	조류
서식지	한국, 아시아
크기	몸길이 31~38cm

알고 보면 멋진 녀석이야!
의태는 서툴지만, 살금살금 걷는 솜씨는 천하제일이야!

➕ 덤불해오라기는 황새목 덤불해오라기속에 속하는 새다. 여름 철새라 봄에 한국에 와서 여름에 새끼를 키우고 가을에 따뜻한 남쪽으로 떠난다. 독특한 외모와 의태 방법 때문에 해외에서 화제가 되어, '걸어 다니는 양하의 요정', '안짱다리 아저씨' 등 다양한 별명이 생겼다고 한다. 우리나라에서는 이따금 발견되지만, 일본에서는 개발에 의한 서식지 감소로 현재 멸종 위기 2급이다.

부리 위에 바나나가
말라바르 얼룩코뿔새

뿔이 무겁지 않냐구? 내 목근육은 엄청 튼튼해.

 공중

♀ 왓!! 지금까지 특이한 새를 많이 봤지만, **작은 얼굴에 어울리지 않게 이렇게 큰 부리를 가진 새**는 처음이야! 커다란 부리 위에 달린 바나나 같은 부분은 '투구'라고 해. 까만 투구를 가지고 있으면 수컷이야. 투구 안은 벌집처럼 구멍이 숭숭 뚫려 있는데, **울음소리를 잘 울려 퍼지게 하는 역할을 한대!** 꼭 확성기 같다~

기본 정보

이름	말라바르 얼룩코뿔새
학명	Anthracoceros coronatus
분류	조류
서식지	인도, 스리랑카
크기	몸길이 65~75cm

알고 보면 멋진 녀석이야!
확성기 역할을 하는 투구는 코뿔새의 심벌마크야!

✚ 말라바르 얼룩코뿔새 말고도 투구를 가진 코뿔새들이 있다. 거추장스럽고 불편해 보일지 몰라도, 투구 안은 거의 비어 있는 셈이라 딱히 문제는 없다. 하지만 밀렵꾼들이 이 멋진 투구를 노리는 바람에 개체 수가 감소하고 있다. 코뿔새들을 지키기 위한 대책이 필요하다.

공중

잉 카제비갈매기는 **하얗고 기다란 멋진 콧수염……이 아니라 장식깃을 가지고 있는 새**야. 신사처럼 근사한 수염이지만 암컷에게도 달려 있어. 새끼일 때부터 작은 수염이 나 있는데, 태어나서 1년 반 정도는 거의 보이지 않다가 어른이 되면 점점 자라 40센티미터가 된대. 바닷새의 일종이라 주로 물고기를 먹어. **운동신경이 워낙 좋아서 공중에서 물고기를 잘 낚아챈대.**

기본 정보

이름	잉카제비갈매기
학명	Larosterna inca
분류	조류
서식지	페루
크기	몸길이 39~42cm

알고 보면 멋진 녀석이야!

멋쟁이 신사라는 말이 절로 나오는 고상한 새야.

➕ 인간도 멋지게 보이고 싶어 콧수염을 다듬곤 한다. 잉카제비갈매기처럼 멋진 수염을 가진 인물로는 스페인의 화가 '살바도르 달리'가 유명하다. 달리는 수염을 일종의 예술처럼 여겨 물엿으로 굳혀서 장식하기도 했다. 동물원에서 잉카제비갈매기를 발견하면 꼭 달리를 떠올리면서 보자.

자자잠깐!! 지금 **뱀의 머리를 걷어차는 새**를 본 것 같은데?! 대체 무슨 일이 일어난 거야?!! 뱀잡이수리는 날개를 펼치면 2미터나 되는 큰 새야. **길게 쭉 뻗은 다리, 우아한 속눈썹, 고고하게 서 있는 모습까지 너무나 아름다운 새**로 유명하지. 다만 긴 다리로 뱀에게 하이킥을 날리는 모습이 너무 반전일 뿐……. 그 모습마저 멋있게 느껴지는 건 왜지?

기본 정보

이름	뱀잡이수리
학명	Sagittarius serpentarius
분류	조류
서식지	아프리카
크기	몸길이 100~150cm

알고 보면 멋진 녀석이야!
아름다움과 과격함은 한 쌍인가 봐…….

➕ 뱀잡이수리는 수리목 뱀잡이수리과에 속한 유일한 새다. 이름 그대로 뱀이나 작은 동물을 잡아먹는데, 뱀을 보면 곧장 머리를 걷어차는 반전 습성을 가지고 있다. 일본 시즈오카의 가케가와 화조원에도 '킥'이라는 이름의 암컷 뱀잡이수리가 있으니, 관심 있는 사람은 만나러 가보자.

목

덜미나 핏줄처럼 조금 독특한 부분에서 이성에게 매력을 느끼는 사람도 꽤 있지? 푸른발얼가니새는 **언뜻 병에 걸린 것처럼 보이는 새파란 발**이 매력 포인트야. 이 푸른 발은 먹이인 물고기에 포함된 '카로티노이드 색소' 때문에 파랗게 된 거지, 어디가 아픈 게 아니야. 푸른발얼가니새는 마음에 드는 암컷을 발견하면 **천천히 주위를 맴돌면서 발을 들어 올려 구애한대.**

기본 정보

이름	푸른발얼가니새
학명	Sula nebouxii
분류	조류
서식지	멕시코, 갈라파고스 제도
크기	전체 길이 76~84cm

알고 보면 멋진 녀석이야!
수컷이 구애할 때 추는 춤은 정말 익살스러워.

✚ 푸른발얼가니새는 멕시코와 페루, 갈라파고스 제도에 사는 새다. 선명한 푸른발이 특징이며, 먹이에 포함된 색소에 따라 발 색깔이 달라진다. 잘 먹고 건강할수록 발 색깔이 푸른빛을 띠며, 구애 성공률도 높아진다. 푸른발얼가니새에게 푸른발은 큰 자랑거리다. 발을 번갈아 천천히 드는 구애의 춤을 보고 있으면 기분이 좋아지며 치유되는 느낌이다.

잉꼬 귀여워……. 앵무새도 귀여워……. 얼굴을 폭 파묻고 마음껏 부비부비하고 싶은데……. 어랍쇼? 이런 곳에 세상에서 제일 큰 앵무새 카카포가 있다니!! 이렇게 귀여운데, **경계심이 전혀 없는 탓에 인간들이 마구 잡아가서 거의 멸종할 뻔한 적이 있대…….** 그래도 카카포는 인간을 발견하면 강아지처럼 다가와서 **머리 위에서 날갯짓하며 구애할 만큼 인간을 아주 좋아하는 생물이야!** 지금은 이 애교 덕분에 인간에게 보호받게 되었대. 정말 다행이다~!!

기본 정보

이름	카카포(올빼미앵무)
학명	Strigops habroptilus
분류	조류
서식지	뉴질랜드
크기	전체 길이 60cm

알고 보면 멋진 녀석이야!
인간에게 습격당해도 인간을 사랑하다니, 너무 불쌍하잖아……!

✚ 카카포는 오랫동안 천적이 없는 섬에서 태평하게 살았다. 그래서 하늘을 나는 능력을 잃고, 모르는 생물을 경계하지 않게 되었다. 그러다 섬에 찾아온 인간들이 깃털을 얻기 위해 마구잡이 사냥을 시작했다. 하지만 겁에 질린 카카포는 그대로 꼼짝 않고 멈춰있을 뿐, 아무런 공격 수단도 가지고 있지 않았다. 이토록 가엾은 운명의 새지만, 최근에는 보호 활동 덕분에 조금씩 개체 수를 회복했다.

칼럼 그 동물의 울음소리가 궁금해!

여우 너구리 넌 동물의 울음소리를 들어본 적 있니?
너구리 고양이나 강아지라면 자주 들었봤는데 다른 동물들의 울음소리는 딱히 들어본 적이 없는 것 같아.
여우 그렇지? 생각해보면 울음소리를 모르는 동물도 아주 많아.
동물원에서 쉽게 만날 수 있지만, 알고 보면 희귀한 울소리를 가진 동물을 소개할게.

멍멍

얼룩말은 말의 일종이지만, '히힝~'이 아니라 개처럼 '멍멍' 하고 운단다. 정말 의외지?

음뮈어어어

기린은 소와 같은 종류의 동물에 속하는데, '무어어어' 하는 느낌으로 울어. 하지만 거의 울지 않는 편이라 쉽게 들을 수 없어.

두두두……퀴이~~

코알라의 울음소리는 글자로 받아적기 어려운데…… 세력권을 지켜야 할 때 기관총 같은 낮은 울음소리를 낸다고 해.

큐르르르르

동물원의 인기쟁이 팬더는 무시무시한 곰의 일종이지만, 울 때는 사육사에게 어리광부리는 소리를 낸단다.

바부~~! 웃웃웃

하마의 울음소리는 오토바이 엔진 소리 같은 이상한 느낌이야. 참고로 하마는 소나 염소와 같은 종류래. 전혀 몰랐지?

여우   그리고 우리들의 울음소리는……?
너구리 너구리는 쿼엉~~!!
여우   여우는 와아~~!!

제3장

징그럽지만 알고 보면 멋진
바다 생물

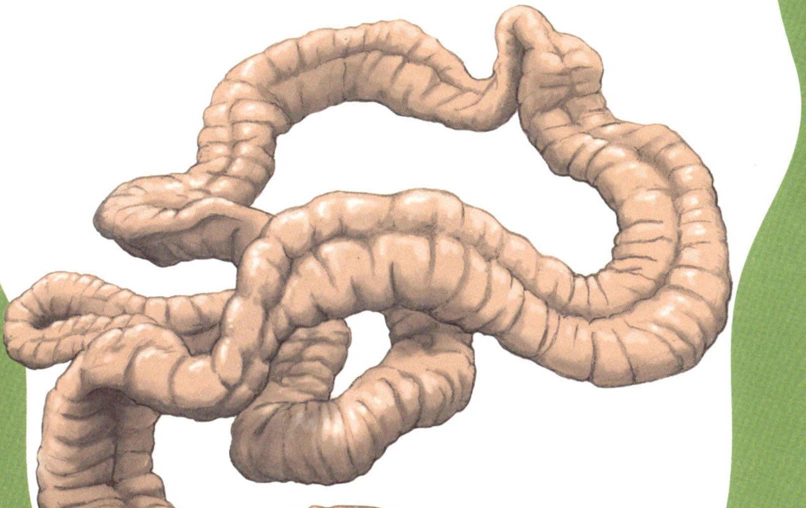

너구리야, 혹시 바다 생물 좋아하니?

그야 당연하지! 무지무지 좋아한다고!!

웬일로 똑 부러지게 얘기하네. 육지 생물이나 공중 생물 때랑은 좀 다른걸……?

그야그야~~ 바다 생물 하면 물고기! 물고기는 맛있어!!

너구리 네 눈에는 뭐든 음식으로만 보이지…? 물고기가 가여워지기 시작했어…….

아~~ 상상만 했는데 배가 고프다…….

바닷속에는 물고기 외에도 특이한 생물들이 엄청 많아.

어떤 것들이 있는데?

우리가 잘 아는 게, 새우, 조개랑 성게도 물고기가 아니잖아.

앗, 진짜! 하나같이 맛있는 것들이네?!

그리고 이렇게 생긴 신종 생물도 바다를 헤엄치고 있지…….

우왕, 이거 연어가 헤엄치는 모습 맞지?

뭐라고……?

응……? 내가 뭐 잘못 말했어……?

화성에서 온 우주인
우무문어

살기 위해 무기를 다 버렸단다~

바다

우 무문어는 수심 200~1,000미터의 심해에 살고 있어. **지느러미가 꼭 귀처럼 보이지? 지느러미를 부지런히 움직여서 헤엄치는 품격 있는 문어야.** 보통 문어와 달라서 촉수도 짧고, 머리와 몸도 한 덩어리라 낙하산처럼 생겼어. 꼭 화성인의 애완동물 같지 않니? 정말이지 이상야릇한 생물이라니깐. 왜 다른 문어들이랑 하나도 안 닮았냐고? **우무문어는 심해에서 살아남기 위해 빨판이랑 먹물주머니 같은 쓸데없는 무기를 다 버렸대.** 지금 이 모습이야말로 우무문어가 깊은 바닷속에서 살기 위해 선택한 가장 완벽한 모습이라는 말씀!

기본 정보

이름	우무문어
학명	Opisthoteuthis depressa
분류	연체동물
서식지	일본
크기	몸길이 20cm

알고 보면 멋진 녀석이야!
무기를 다 버렸다니 어쩐지 좀 귀여워진 것 같지 않아?

✚ 심해에 사는 우무문어는 먹이가 적은 환경에서 살아남기 위해 에너지가 드는 무기를 전부 버려서 지금의 모습이 되었다. 문어 하면 맛있다는 이미지가 있지만, 우무문어는 바닷물 맛이 나는 물컹물컹한 고무를 씹는 느낌이라고 한다. 게다가 약품 같은 독특한 냄새가 나서 매우 맛이 없는 듯하다. 인간에게 잡아먹히지 않기 위해 맛까지도 버린 셈이다.

양의 얼굴을 한 바다달팽이
바다잎새양

동물이지만 광합성도 할 수 있어!

바다

우 왓~!! **몸에서 풀잎이 자라고 있는 것 같이 이상하고 귀여운 생물**이 있어! 바다달팽이의 일종인 바다잎새양이래. 자세히 보면 얼굴에 검은 점 두 개가 콕콕 찍혀 있어. 꼭 양의 얼굴 같아! 바다잎새양은 분명히 동물이거든? 그런데 **바닷말을 먹으면 식물처럼 '광합성'을 해서 영양분을 만드는** 희귀한 생물이래. 광합성이란 빛 에너지를 사용해서 물과 공기 중의 이산화탄소로부터 녹말 같은 영양분을 만드는 걸 말해. 이렇게 특수한 능력을 가지고 있다니 대단하다~!!

기본 정보

이름	바다잎새양
학명	Costasiella kuroshimae
분류	연체동물
서식지	일본, 인도네시아
크기	몸길이 5mm

알고 보면 멋진 녀석이야!
바닷말을 먹기만 해도 광합성을 하다니 엄청난 기술인걸!

➕ 신기하게 생긴 바다달팽이는 많지만, 그중에서도 바다잎새양은 특히 신비한 생물이다. 식물이 가진 엽록체를 흡수하여 광합성을 하기 때문이다. 이는 몇몇 바다달팽이만 가지고 있는 아주 드문 기술이다. 먹이가 없어도 햇빛에서 영양분을 만들어낼 수 있기 때문에, 바다잎새양은 지금까지 살아남았다.

투명한 머리통에 눈알이 데굴데굴
통안어

초록색은 눈이고 아래는 콧구멍이야.

 바다

우 왓~! **머릿속이 훤히 비쳐 보이는 물고기가 있어! 뇌까지 다 들여다보여서 너무너무 징그러워~!!** 통안어는 심해 400~800미터에 살아. 투명한 돔 모양 머릿속에는 동그랗고 큰 눈이 숨어 있지. 눈을 **망원경처럼 위아래로 왔다 갔다 움직이면서 먹이가 있는지 계~속 주시해.** 깊은 바닷속에서 위쪽을 바라보기 위해 이렇게 진화했대. 난 상상도 못 했지 뭐야? 머리를 투명하게 감싼 건 해파리의 독침이 눈을 찌르지 않게 보호하기 위해서래!

기본 정보

이름	통안어
학명	Macropinna microstoma
분류	어류
서식지	태평양 북부
크기	전체 길이 10~15cm

알고 보면 멋진 녀석이야!
심해에서 가만히 위를 바라보며 먹이를 찾는 망원경 같은 물고기야!

✚ 통안어는 샛멸과에 속하며 아직 수수께끼가 많은 심해어다. 심해 생물은 에너지를 쓰지 않고 가만히 있으면서 먹이를 찾을 수 있게 진화했다. 통안어는 자기 위에서 헤엄치고 있는 해파리를 알아볼 수 있도록 눈에 녹색 필터가 달려 있다. 그래서 위쪽의 빛이 태양 빛인지 해파리의 빛인지 구분할 수 있다고 한다.

세상에서 가장 못생긴 동물
블로브피시

이래 봬도 심해에서는 괜찮은 얼굴이야!

심해에 있을 때의 블로브피시

바다

으 갸아아악!!! 이 **온몸이 물렁물렁하고 명란젓 같은 입술을 한 못생긴 생물**은 뭐야?!! 블로브피시는 심해 600~2800미터에서 사는 물고기야. 해저의 수압은 땅 위의 기압보다 10배나 높아. 그리고 블로브피시는 몸에 근육이 없어서 젤라틴처럼 흐물흐물해……. 그래서 땅 위에 올라오면 심해와의 기압 차이 때문에 이런 식으로 물렁물렁해진대. **심해에서 만나면 평범한 물고기처럼 귀여운데 말이야……**.

기본 정보

이름	블로브피시
학명	Psychrolutes marcidus
분류	어류
서식지	호주
크기	몸길이 30cm

알고 보면 멋진 녀석이야! 세상에서 가장 못생긴 물고기도 심해에서는 제법 귀여운 모습이지!

✚ 블로브피시는 해저에 사는 물수배깃과의 물고기다. 대부분의 심해어는 수수께끼에 싸여 있다. 지상과의 기압 차이 때문에 바다에서 올라오면 생김새가 변하는 데다, 산 채로 지상으로 가져오기 어렵기 때문이다. 블로브피시는 영국에서 열린 '세계에서 가장 못생긴 생물 대회'에서 불명예스러운 1위를 차지했다.

투명한 머리가 커졌다 작아졌다
나팔잎갯민숭이

화장실 뚫어뻥이 아니랍니다!

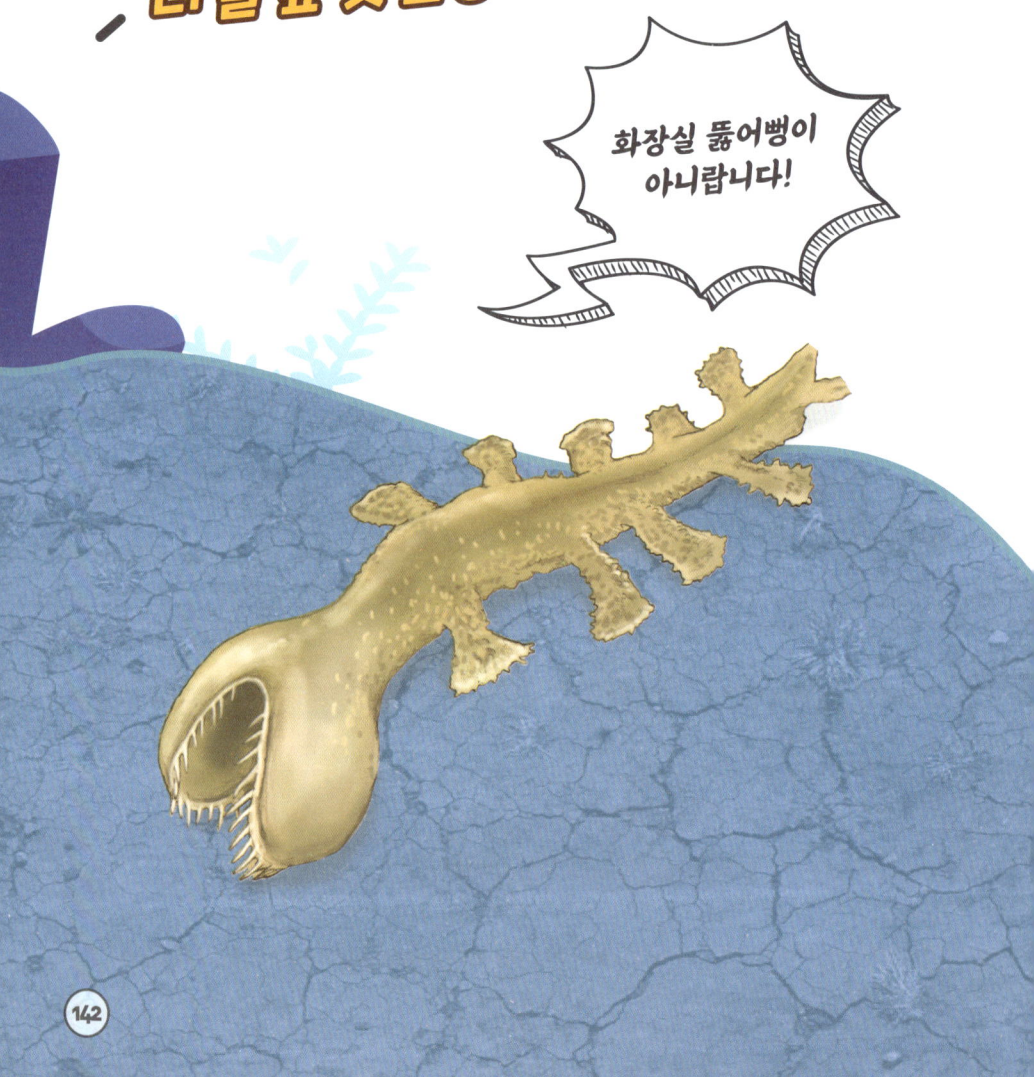

바다

강에서 작은 물고기나 새우를 잡아본 적 있니? 그럴 땐 들키지 않게 살~그~머니~ 다가가서 그물로 단숨에 덮어씌워야 해! 그래, 이 나팔잎갯민숭이처럼 말이야. 나팔잎갯민숭이는 해파리처럼 투명하고 **화장실 뚫어뻥처럼 생겼어.** 하지만 먹이인 플랑크톤이나 작은 새우가 가까이 오면 돌변해! 그물처럼 입을 크게 벌려서 먹이를 통째로 삼키는 거야. 그래도 **입속에 두 마리가 들어오면 한 마리는 도망치게 해 준대.** 욕심은 없다, 그치?

기본 정보

이름	나팔잎갯민숭이
학명	Melibe vexillifera
분류	연체동물
서식지	일본
크기	몸길이 7~15cm

알고 보면 멋진 녀석이야!
나팔잎갯민숭이한테는 감귤계의 과일 향이 난대. 우아하기도 해라.

➕ 나팔잎갯민숭이는 나새목 갯민숭달팽이(**바다달팽이**)의 일종으로 나팔잎갯민숭달팽이라고도 한다. 왠지 꺼림칙하게 생겼는데 일본에서만 서식하고 있다. 무시무시한 괴물처럼 커다란 입을 벌리고 먹이를 꿀꺽하는 모습이 특징이다. 등에는 뾰족뾰족 튀어나온 돌기가 열 군데 있는데, 특별한 의미는 없다.

바다

우와~!! **판타지 세계에서나 나올 것 같은 기괴한 생물이 둥둥 떠다니고 있어……**! 이건 푸른갯민숭달팽이라고 하는데 바다달팽이의 일종이야. 독특하고 예쁜 파란 무늬 덕분에 **'블루 드래곤'이나 '블루 엔젤'이라는 멋진 별명도 있어!** 뭐? 만지면 안 된다고? 푸른갯민숭달팽이는 엄청나게 위험한 독해파리를 먹어서 그 독을 몸속에 몰래 감추고 있대……. 우와~앗, 하마터면 겉모습에 속을 뻔했잖아?! 휴우, 아슬아슬했다…….

기본 정보

이름	푸른갯민숭달팽이
학명	Glaucus atlanticus
분류	연체동물
서식지	일본, 호주
크기	몸길이 2~5cm

알고 보면 멋진 녀석이야! 위험하지만 워낙 아름다워서 잠수부들한테도 인기 만점이야.

✚ 푸른갯민숭달팽이는 나새목 갯민숭달팽이의 일종이다. 갯민숭달팽이 하면 흔히 바다에 사는 알록달록한 색깔의 민달팽이를 생각한다. 하지만 요정처럼 신비한 모습의 푸른갯민숭달팽이는 위 속에 공기를 넣어서 물 위를 떠다닌다. 그리고 고깔해파리 같은 독해파리를 먹어서 몸속에 독침을 저장했다가, 위험을 느끼면 꺼내서 무기로 쓴다.

바닷속 아기 코끼리
덤보문어

심해 속에는 보통 물고기랑은 전혀 다른 신기한 생물이 잔뜩 있어서 신비로워! 어랍쇼…? 저쪽에서 코끼리 같은 생물이 가까이 오고 있어! **디즈니 만화영화에 나오는 아기코끼리 덤보 같아!** 이 미확인 생물체의 이름은 덤보문어야. 심해 400~7,000미터에 사는 문어지. **코끼리 귀처럼 큰 지느러미를 사용해서 멋지게 헤엄쳐.** 심해에서 너무 오래 살다 보니, 먹물주머니도 없어지고 촉수도 짧아졌다지 뭐야.

기본 정보

이름	덤보문어
학명	Grimpoteuthis
분류	연체동물
서식지	미국
크기	몸길이 20~30cm

알고 보면 멋진 녀석이야!
덤보의 귀처럼 커다란 지느러미로 헤엄치는 모습이 너무 귀여워!

➕ 덤보문어는 심해에서 사는 그림포테우티스속 문어의 일종이다. 덤보문어도 보통 문어들처럼 물을 빨아들이고 힘차게 내뿜으면서 헤엄친다. 하지만 심해의 수압에서는 이렇게만 해서는 잘 헤엄치기가 힘들다. 그래서 귀처럼 생긴 큰 지느러미를 움직여서 방향을 바꾸거나 균형을 잡는다.

철갑으로 완전 무장
비늘발고둥

내 몸에 자석을 갖다대면 붙을지도….

바다

속담 중에 '낙숫물이 댓돌을 뚫는다'는 말 아니? 무슨 일이든 참을성 있게 계속하다 보면 큰일을 이룰 수 있다는 말이야. 비늘발고둥이야말로 이 속담의 주인공 같아. 다른 친구들이 땅 위로 진출하는 동안, 비늘발고둥은 깊은 해저 속에서 가만히 자기 자리를 지키고 있었대. 더욱 단단해지기 위해 오랫동안 노력하면서 말이야. 그러다 **자기를 보호하기 위해 '황화철'이라는 진짜 철을 몸에 장착했어.** 세상에 보기 드문 생물이지! 이렇게 단단한 **철갑옷을 둘렀다니 좀 무거울 것 같아……**.

기본 정보

이름	비늘발고둥
학명	Chrysomallon squamiferum
분류	연체동물
서식지	인도양
크기	몸길이 4cm

알고 보면 멋진 녀석이야!
강해지기 위해 강철로 무장하다니 정말 대단하지 않니?

✚ 비늘발고둥의 껍데기는 진짜 철로 만들어졌다. 비늘발고둥이 사는 심해에는 아주 뜨거운 물이 솟아나는 장소가 있다. 이 물에는 다양한 원소가 녹아 있어서, 영리한 비늘발고둥은 여기서 철 성분을 흡수해 껍데기를 만들며 살아간다. 하지만 좁은 서식지에서 방어에 급급하다 보니 환경 변화에 따라가지 못하고, 멸종 위기종이 되고 말았다.

아기 돼지 귀요미 오징어
피글렛 스퀴드

오징어라고 다 못생긴 건 아니라구~

바다

귀여운 **아기 돼지 같은 얼굴**을 한 아기돼지오징어는 영어로 '피글렛 스퀴드(Piglet Squid)'라고 해. 코처럼 튀어나온 기관을 통해 물을 빨아올리고 다시 내뿜으면서, 그 힘으로 바닷속을 둥둥 떠다닌대. 참 재미있지? 깊은 바닷속에 신기하고 귀여운 **힐링 캐릭터**, 아기돼지오징어가 헤엄치고 있다는 사실! 꼭 기억해 줘~.

기본 정보

이름	피글렛 스퀴드
학명	Helicocranchia pfefferi
분류	연체동물
서식지	태평양
크기	몸길이 10cm

알고 보면 멋진 녀석이야!
심해의 마스코트인 만큼 장난감이나 상품으로도 만들어졌어!

➕ 아기돼지오징어는 하트오징어과에 속하며, 반투명하고 오동통한 몸을 가지고 있다. 눈에 발광 기관이 있어서 장난감처럼 반짝반짝 빛난다. 보통 수심 1,000미터가 넘는 심해에서 발견되기 때문에, 집이나 수족관에서 기르기는 어렵다.

빨판으로 피를 빠는 장어
칠성장어

> 갉작갉작….
> 으드득으드득….

바다

으악!! **외계에서 온 괴물이 유리창에 딱 달라붙어 있어!!** 깜짝이야, 괴물이 아니라 칠성장어였구나. 칠성장어는 세계에서 제일 추운 지역에 사는 민물고기야. 빨판처럼 생긴 입으로 커다란 물고기를 콱 물고서 이빨로 갉아 먹는대……. 눈 양옆에 7쌍의 아가미구멍이 있어서 칠성장어라고 불린대. 생긴 건 어마무시하게 징그럽지만, **칠성장어를 꼬치구이나 조림으로 해서 먹는 지역도 있대.**

기본 정보

이름	칠성장어
학명	Entosphenus japonicus
분류	원구류
서식지	한국, 일본, 유럽
크기	몸길이 20~100cm

알고 보면 멋진 녀석이야!
이렇게 기괴하게 생겼는데도 인간들은 맛있게 먹는구나.

✚ 칠성장어는 '살아 있는 화석'으로 불리는 신기한 생물이다. 이름에 장어가 들어가지만, 사실은 물고기도 장어도 아니다. 어류에서도 매우 동떨어진 원시 생물이다. 옛날부터 일본에서는 칠성장어에 비타민 A가 풍부해 '야맹증**(밤에 사물이 잘 안 보이는 병)**'에 효과가 좋다며 먹었다.

이빨이 무려 3백 개!
주름상어

우리 조상은 3억 년 전부터 살았지.

바다

앗 이빨이 300개! 너무 무서워!! 이렇게 괴물같이 생긴 상어가 정말 있다고? 심해에 사는 이 상어는 '살아 있는 화석'으로 불리는 주름상어야. 수심 500미터가 넘는 깊은 곳에 살기 때문에 거의 찾아볼 수 없어. 산 채로 발견되면 뉴스에 나올 정도로 굉장히 희귀한 생물이야! 주름상어는 **약 3억 년 전 공룡이 있던 시대부터 지금까지 변함없는 모습으로 유유히 헤엄치고 있대~!!** 고대 바다는 어떤 느낌이었는지 가르쳐주면 좋겠다~.

기본 정보

이름	주름상어
학명	Chlamydoselachus anguineus
분류	연골어류
서식지	태평양, 대서양
크기	몸길이 160~200cm

알고 보면 멋진 녀석이야!
영화 '신 고질라'에서는 제2형태의 모델이었대!

➕ 주름상어는 거의 모습을 드러내지 않으며, 자세한 생태도 수수께끼에 싸여 있다. 일본에서는 아주 드물게 태평양 연안에서 발견되어 수족관에 전시되기도 했다. 하지만 심해 생물에 알맞은 환경을 준비하기 힘들어서 대부분은 며칠 만에 죽는다. 이빨과 지느러미 틈새로 붉은 피 색깔이 보이는 것이 특징이다.

피를 흘리는 괴상한 바위
피우라 칠렌시스

징그러워 보여도 맛은 최고!

# 바다

아이…… 피곤해라. 어머, 저기 바위가 있네? 잠깐 앉았다 가야겠다……. (와지끈!) 뭐, 뭐지?! **바위 속에서 빨갛고 흐물흐물한 게 나왔어……!** 이건 멍게과인 피우라 칠렌시스라고 해. 자기 몸을 보호하기 위해 바깥쪽은 돌처럼 단단하대. 평소에는 바다 밑 바위에 꼭 달라붙어 있어. 진미로도 유명한 멍게인 만큼, **호불호는 좀 갈리지만 철분도 많고 맛있는 음식이야.** 너구리한테도 한번 먹어보라고 할까?

기본 정보

이름	피우라 칠렌시스
학명	Pyura chilensis
분류	미삭동물
서식지	칠레, 페루
크기	1cm(개체 하나의 크기)

알고 보면 멋진 녀석이야!

흐물흐물 괴상한 바위의 정체는 맛있는 멍게였어.

✚ 피우라 칠렌시스는 기묘한 바위처럼 생긴 멍게의 일종으로 '살아 있는 바위'라고도 불린다. 미삭동물인 멍게는 원래도 척추동물과 동떨어진 특이한 생물이지만, 피우라 칠렌시스는 더더욱 특이하게 생긴 기괴한 생물이다. 자웅동체(**한 개체에 암수 두 생식 기관을 갖춘 것**)이기 때문에 1마리만 있어도 번식이 가능하다.

바다의 청소부
주름끈벌레

내가 있어야 바다가 깨끗해지는 거야.

바다

오 에엑~ 이게 뭐야!! 바닷속에 분홍색 내장이 쏟아져 나왔잖아?!! 주름끈벌레는 이름 그대로 가늘고 긴 끈 모양을 한 생물이야. 세계적으로 1,000종류에 가까운 끈벌레가 살고 있대. 생각보다 훨씬 많구나~!! 암만 봐도 곱창이나 내장으로밖에 안 보이지만, 사실 머리랑 입, 항문도 제대로 달려 있어. **바다에서 물고기 시체를 발견하면 꾸물꾸물 다가가서 통째로 냠! 먹어 치운대**. 어쩐지 오싹하지만 바다를 깨끗하게 해 준다니 고마워해야겠어.~!!

기본 정보

이름	주름끈벌레
학명	Parborlasia corrugatus
분류	유형동물
서식지	남극
크기	전체 길이 1m

알고 보면 멋진 녀석이야!
죽은 동물을 먹어서 물속을 깨끗하게 한대!

➕ 주름끈벌레는 이름대로 가늘고 긴 끈 모양을 하고 있다. 갯지렁이나 지렁이와 매우 닮았지만, 유형동물인 끈벌레과에 속한다. 2019년에는 나고야항 수족관에 전시되어 주목을 받았는데, 사실은 그전부터 있었지만 20년 넘게 공개하지 않았다고 한다. 전시하지 않은 이유는 징그럽게 생긴 데다 전혀 움직이지 않았기 때문이라고 한다.

바다

더 워… 더워……!! 여우야, 혹시 부채 갖고 있니? 와, 고마워~ 응?? 이건 부채가 아니라 벤텐어잖아? **벤텐어는 부채처럼 생긴 아주 거대한 등지느러미와 배지느러미를 갖고 있어.** 대체 그 지느러미를 어디에 쓰는지는 수수께끼지만 말이야. 아마도 적이 가까이 왔을 때 지느러미를 펼쳐서 몸집을 크게 부풀려 상대를 위협하나 봐. 상대방도 깜짝 놀라겠지! 그 모습을 보고 싶지만, **실은 열 손가락에 꼽을 만큼 드물게 발견되는, 아주아주 희귀한 물고기래~.**

기본 정보

이름	벤텐어
학명	Pteraclis aesticola
분류	어류
서식지	한국, 일본(북태평양)
크기	몸길이 40~50cm

알고 보면 멋진 녀석이야!
예술과 미의 여신을 닮은 환상의 물고기야!

✚ 벤텐어는 거대한 지느러미가 달렸는데, 이 지느러미를 펼치면 최대 1미터에 가까운 크기가 된다. 평소에는 1센티미터 정도 깊이의 홈에 지느러미를 숨기고 있다가, 아코디언처럼 꺼내서 펼칠 수 있다. 벤텐어라는 이름은 불교의 신비한 여신 '변재천'에서 유래했는데, 은빛 몸통과 지느러미를 펼친 아름다운 모습 때문에 이런 이름이 붙었다.

전기로 앞을 본다고?
코끼리주둥이고기

몸에서 나오는 전기로 먹이도 찾고 친구랑 얘기도 해.

 바다

우 와, **코끼리처럼 긴 코를 가진 못생긴 물고기가 있어!** 바로 코끼리주둥이고기야. 영어로는 엘리펀트 노즈 피시(Elephant nose fish), '코끼리 코 물고기'라는 뜻이지. 그런데 사실 이건 코가 아니라 주둥이래. **진흙이 쌓인 해저에서 먹이를 파헤칠 때 아주 편리하다고 해!** 음… 그럼 코끼리 코 물고기가 아니라 삽 물고기나 주걱턱 물고기라고 불러야 하는 걸까……?

기본 정보

이름	코끼리주둥이고기
학명	Gnathonemus petersii
분류	어류
서식지	아프리카
크기	몸길이 10~20cm

알고 보면 멋진 녀석이야!
전기가 흐르는 꼬리지느러미와, 레이더까지 갖고 있는 굉장한 물고기야!

➕ 코끼리주둥이고기는 골설어목 코끼리고기과에 속한다. 먹이를 찾는 데 편리한 긴 주둥이뿐 아니라, 놀랍게도 꼬리지느러미에서 전류를 내보내며 레이더(전파탐지기)까지 갖고 있다. 그래서인지 뇌도 크고 지능도 높다. 뇌는 몸의 3%를 차지하는데, 숫자만 보면 작아보이지만, 인간이 2%이므로 사실 굉장히 영리한 생물이다.

마음을 사로잡는 **빨간 입술**
붉은입술부치

붉은입술부치는 위에서 봤을 때 박쥐가 날개를 펼친 것 같은 모습을 하고 있어. 그래서 붉은입술박쥐물고기라고도 해. 하지만 **붉은입술부치의 특징은 뭐니 뭐니 해도 화려한 붉은 입술 아닐까?** 옆에서 보면 가슴지느러미와 배지느러미를 굽히고 있어서 꼭 팔굽혀펴기를 하는 것 같아! 코 부분에 달린 미끼로 먹이를 유인하는데, 그냥 **두꺼운 코털로 보일 뿐이야. 전혀 도움이 안 되는 것 같아서, 오히려 지켜주고 싶은 마음이 드는 거 있지?**

기본 정보

이름	붉은입술부치
학명	Ogcocephalus darwini
분류	어류
서식지	갈라파고스 제도
크기	몸길이 20~40cm

알고 보면 멋진 녀석이야!
이렇게 섹시한 물고기는 또 없을걸?

✚ 부치는 아귀의 일종으로, 전 세계에 35종류 정도 있지만 모두 멸종 위기에 처했다. 그중 붉은입술부치는 갈라파고스 제도에만 살고 있으며 붉은 입술이 특히 매력적이다. 한편 코 쪽에 달린 미끼는 이미 퇴화했고, 천적이 와도 입을 뻐끔거릴 뿐 도망치지 않는다. 이런 엉성한 면조차 귀엽고 사랑스럽다.

바닷속 송충이
노란풀양목갯지렁이

바다

야호~ 여우랑 바다 낚시하러 왔지롱~!! 오옷! 대어가 잡힌 것 같은데……. 으아아아아악!!!! 뭐야, 이거?!! **송충이 같은 괴물이 나타났어!!!** 앗, 이건 노란풀양목갯지렁이가 분명해!! 꿈틀꿈틀하는 모습이 좀 징그럽지……? 어설프게 만졌다가는 독성을 띤 털이 곤두서서 위험하대! **털을 전부 뽑아 잘 익히면 먹을 수도 있나 봐…….** 으~ 내가 아무리 먹보 대장이라도 그렇게까지 해서 먹고 싶지는 않다…….

기본 정보

이름	노란풀양목갯지렁이
학명	Chloeia flava
분류	환형동물
서식지	한국, 일본(태평양, 인도양)
크기	몸길이 10~30cm

알고 보면 멋진 녀석이야!
낚시할 때 마주치고 싶지 않으면 미끼를 가끔 움직여주자.

➕ 노란풀양목갯지렁이는 송충이처럼 생겼지만, 곤충이 아니기 때문에 번데기나 나방이 되지는 않는다. 낚시 미끼로 사용되는 지렁이나 개불처럼 환형동물인데, 양목갯지렁이과는 전 세계에 100종류나 있다. 낚시할 때 자주 잡히는데, 가위나 두꺼운 장갑이 없으면 손에 털이 박히므로 낚시꾼들이 싫어한다.

사랑의 유리 감옥
해로동굴해면

 바다

후후……. 사랑하는 사람이 생기면 역시 도망칠 수 없게 해야 해……. 그래, 해로동굴해면에 가두는 게 좋겠어. **바닷속에 사는 해로동굴해면은 규산이라는 물질을 흡수해서 유리 그물 바구니를 만들어.** 그래서 '유리해면'이나 '비너스의 꽃바구니'라고 부르기도 해. 그리고 **작은 해로새우 한 쌍이 이 사랑의 감옥으로 들어왔다가 점점 몸이 커지면 다시는 못 나가게 되는 거지.** 이제 죽을 때까지 쭉 함께하겠네. 후후후…….

기본 정보

이름	해로동굴해면
학명	Euplectella aspergillum
분류	해면동물
서식지	일본
크기	몸길이 5~20cm

알고 보면 멋진 녀석이야!
워낙 아름답게 생겨서 관상용으로 가치가 높대.

✚ 해로동굴해면은 언뜻 보면 플라스틱 같지만, '해면동물'이라는 어엿한 생물이다. 섬세한 아름다움 때문에 빅토리아 왕조 때는 400만 원이 넘는 가격이었다고 한다. 태어난 지 얼마 되지 않은 새우 부부가 이 안에 들어왔다가, 죽을 때까지 백년해로한다고 해서 해로동굴해면이라는 이름이 붙었다.

 ## 안타깝게 멸종한 생물들!

여우　지구상에서는 이제 볼 수 없는 멸종 생물들이 있다는 거 아니?
너구리　공룡이랑 고대 생물?
여우　맞아. 환경 변화로 멸종한 생물도 많지만, 인간이 멸종시킨 생물도 있대.
너구리　헉, 그래?!!
여우　50억 마리나 되는 여행비둘기도 해로운 새로 취급받다 멸종했고, 착한 스텔러바다소도 인간들이 무분별하게 사냥했고, 광견병을 막는다는 이유로 일본늑대도 멸종되고 말았어.
너구리　맙소사…… 그렇게 많은 생물이…….
여우　인간이 제멋대로 하면 반드시 어딘가에서 그 대가를 치르게 되는 법이야.
너구리　그게 무슨 말이야?

일본늑대

여우	생태계는 절묘하게 균형을 이루고 있거든. 한 생물이 멸종하면 그 균형은 무너져.
너구리	무너지면…… 어떻게 되는데?
여우	어쩌면 물고기나 채소가 전부 사라질지도 몰라…….
너구리	뭐어?!! 그럼 진짜 큰일이잖아?!!! 하지만 생물이 멸종하는 건 옛날이야기 아냐?
여우	2012년에도 일본수달이 멸종했어.
너구리	세상에, 최근에도 그런 일이 있었단 말이야……?
여우	우리 생물들을 대신해서 누군가 목소리를 내야만 해.
너구리	맞아! 이렇게 멸종해버리다니 너무 슬프잖아!
여우	우리 모두 생물을 보호하고 미래에 남겨줘야 해!

자, 여기까지 '징그럽지만 알고 보면 멋진 친구들'의 생물 소개였어. 깜짝깜짝 놀랄 생물들이 계속 나왔는데 어땠어?

나도 생물에 대한 지식은 나름대로 풍부하다고 생각했는데…… 생긴 건 징그럽지만 이렇게 굉장한 생물들이 많다니, 정말 깜짝 놀랐어!

그렇지? 지구상에는 반전 매력으로 가득한 재미있는 생물이 이렇게 많고, 아직 발견되지 않은 생물도 잔뜩 있으니까.

그렇구나……. 과학이 발전한 현대에도 미확인 생물들이 지구 어딘가에 남아 있는 거네.

그럼그럼. 지금도 매일같이 신종 생물이 발견되고 있어.

매, 매일같이?!!

어쩌면 이 책의 독자가 신종 생물을 발견할지도 모르지……?

나도 신종 생물을 발견하고 싶어~~!!!

신종 생물은 코끼리나 기린처럼 큰 생물이 아니라, 우리 눈에 띄지 않을 만큼 작은 생물이거나 심해처럼 인간의 손이 닿기 힘든 장소에 있는 게 대부분이야.

윽……. 하긴 인간의 눈에 띄는 생물은 이미 발견했을 테니…….

게다가 그 생물이 정말로 신종인지 확인하는 데만 길게는 몇 개월씩 걸리기도 하니까.

뭐야, 그게……. 그래도 그렇게까지 고생해서 조사한다는 건, 혹시 굉장한 상금을 받을 수 있는 거야?

한 푼도 못 받지.

뭐어어어어어?!!! 한 푼도 못 받는데 그렇게 시간을 쏟는단 말이야?!!

맞아. 신종 생물을 발견하는 학자들은 그 생물에 자신이 정한 '학명'을 붙이려는 꿈 때문에 열심히 노력할 뿐이야.

핫……! 그럼 나도 신종 생물에 이름을 붙여서 유명해질래~~!!

정말이지, 너구리 넌 욕심으로 똘똘 뭉쳤구나…….

유명해지고 싶어……. 부자가 되고 싶어……. 맛있는 걸 배불리 먹고 싶어…….

유명해지고 싶다면 아주 간단한 방법이 있잖아.

뭔데뭔데?

'줄무늬 꼬리를 단 너구리 닮은꼴'이라는 신종 생물로 너구리 널 연구 기관에 등록하면……. 후후훗…….

생물도감퀴즈 나를 맞혀 봐!

Q. 나는 세상에서 제일 큰 앵무새야. 오랫동안 천적이 없는 섬에서 평화롭게 살았어. 그래서 하늘을 나는 능력도 잃고 모르는 생물을 경계하지 않아. 멸종될 뻔한 적도 있지만 지금은 다행히도 보호받고 있어.
◐ 정답 126쪽

Q. 나는 멕시코에서만 살고 있어. 땅속에서 생활하기 때문에 눈과 입은 장식일 뿐이야. 분홍색 긴 몸통을 보고 지렁이인 줄 알았지? 나는 도마뱀도 아니고 뱀도 아니고 지렁이과도 아니라고!
◐ 정답 26쪽

Q. 이렇게 까만 닭을 본 적 있니? 멜라닌 색소가 비정상적으로 많아 깃털뿐만 아니라 속살과 내장, 뼛속까지 전부 까맣다고. 나는 엄청 비싸서 의식이나 제사같이 특별한 날에만 먹을 수 있어.
◐ 정답 110쪽

Q. 나는 바퀴벌레도 때려잡는 어마 무시한 벌이야. 나의 독침 한방이면 바퀴벌레는 좀비가 되어버린다고. 몸집은 훨씬 작지만 독침 하나로 바퀴벌레를 무장해제 시킬 수 있어.
◐ 정답 20쪽

Q. 동물의 왕이 사자라고? 훗, 그런 사자도 내 앞에서는 어림없지. 나는 세상에서 제일 겁이 없는 동물로 기네스북에도 올랐어. 평소에는 코브라같이 위험한 맹독을 가진 뱀을 잡아먹어!
◐ 정답 36쪽

Q. 나는 세계적으로도 아주 희귀한 새하얀 박쥐야. 우리는 나뭇잎 뒤에 모여 살면서 나뭇잎에 잘 매달리기 위해서 갈고리 같은 발톱을 나뭇잎에 걸어두고 있어~!
◐ 정답 108쪽

Q. 나는 세상에서 제일 작은 포유류야. 너무 작아서 몸속에 에너지를 저장 못해. 그래서 30분마다 내 몸무게만큼 먹이를 먹어. 이런 내가 부럽다고? 밥을 먹고 3시간이 지나면 굶어 죽을 수도 있다고... 흑흑

◐ 정답 40쪽

Q. 으앗 따가워! 나를 다른 풀들과 똑같이 봤다면 큰일 나. 나의 잎 표면에는 가시털이라는 독침이 촘촘히 자라 있어. 인간 몸에는 닿기만 해도 빨갛게 염증이 생기지만, 꽃가루를 옮겨주는 새나 곤충들은 괜찮으니까 대환영이야!

◐ 정답 30쪽

Q. 우와~ 빨갛고 예쁜 꽃이 피었네! 그건 꽃이 아니라 내 코야~! 내 코가 얼마나 섬세하냐면 먹이를 찾을 때는 손의 역할을 해서 1초 동안 10~12회나 코를 바닥에 밀면서 먹이를 찾아.

◐ 정답 50쪽

Q. 나는 깊은 바닷속에 살면서 위쪽을 바라 보기 위해 눈이 위아래로 움직이고, 눈을 보호하기 위해 머리를 투명하게 감싸고 있어. 내 눈에 녹색 필터는 해파리의 빛을 구분할 수도 있어.

◐ 정답 138쪽

Q. 나는 바다 밑 살아있는 바위라고도 불리지. 빨갛고 흐물흐물해서 놀랐다고? 나를 맛보면 더 놀랄 거야. 생김새는 기괴해도 철분도 많고 아주 맛있는 음식이거든.

◐ 정답 156쪽

Q. 아얏! 조심하라고. 낙엽처럼 생겨서 많은 사람들이 밟고 지나가지만 사실 나는... 나방이야. 내 위장술이 감쪽같지? 간혹 위장하지 않고 가만히 있는데도 사람들이 오해를 한다니까!

◐ 정답 82쪽

Q. 얼굴은 뱀, 꼬리는 거미~ 어느 쪽이 진짜일까? 꼬리에 있는 거미는 새를 잡기 가짜 미끼야. 진짜 거미처럼 다리를 하나씩 움직이면서 거미의 움직임을 똑같이 따라 할 정도로 비슷하지.

◐ 정답 54쪽

Q. 나는 다른 거미들과는 달라. 거미줄에 먹이가 걸려들기만을 기다리지 않고 직접 그물을 만들어 덮어씌워서 잡지. 밤에 활동해서 가만히 숨어있으면 더욱 날 찾기 힘들걸? ◐ 정답 70쪽

Q. 나는 몸에 털이 하나도 없는 쥐야. 땅속에서만 사니까 몸에 털이 없어도 문제없어. 대신 땅을 잘 팔 수 있도록 앞니가 크게 발달해 있어. 땅 파기 전문가지. ◐ 정답 18쪽

Q. 시들시들 메마른 식물 같지만 나는 1,000년 이상 살아왔어. 사막에서 살아남기 위해 10미터나 되는 뿌리가 있고 잎사귀를 통해 공기 중의 수분을 흡수하지. ◐ 정답 72쪽

Q. 바닷속에 살면서 코끼리를 닮았다고? 코끼리 귀처럼 큰 지느러미를 사용해서 깊은 바닷속을 헤엄치는 문어라고~! 심해의 수압에서 잘 움직이고 헤엄치기 위해서는 큰 지느러미를 이용해서 균형을 잡아줘야 하지. ◐ 정답 146쪽

Q. 나무에서 피가 난다고? 그건 피가 아니라 내 줄기에서 나오는 빨간 수액이야. 이 수액은 염료로도 쓰이고 지혈제, 소독제 등의 약으로도 쓰여. ◐ 정답 76쪽

Q. 나는 위험을 느끼면 엉덩이에서 지독한 방귀를 뀌어. 순간적으로 100℃의 뜨거운 가스를 분사하는데, 이것 덕분에 개구리한테 잡아먹히더라도 살아남을 수 있지. ◐ 정답 88쪽

Q. 나는 1mm 크기에 눈에 띄지도 않을 정도로 작아. 하지만 내 생명력은 지구 최강이야. 부글부글 끓는 화산에서도, 오들오들 극한의 추위에도 견딜 수 있어. ◐ 정답 22쪽